現代ひったくり事情

少年の感性／社会の陥穽

新曜社

序

奥深いひったくり非行の背景

前大阪府警察本部長
佐藤 英彦

「二十三年間、日本一」、いまや大阪の名物となった感のあるひったくり。平成十年は、前年よりおよそ二千件も発生が増えて一万件を超し、東京の二倍になった。

これを契機として大阪府警は、全部門でひったくり対策を活動の最重点とするとともに世論に訴えて、ひったくり撲滅運動を興した。ひったくりの急増により、治安の原点である街路の安全が脅かされているという危機意識が強まったこと、ひったくりは、市民の自己防衛感覚の薄さや道が暗く街の構造にも原因があるなど警察の活動だけでは解決しえない問題だと考えたことによる。

ところで、ひったくり犯の大半が少年であることに鑑みると、ひったくり問題の本質は少年問題だといってよい。ひったくりに限らず少年非行は年々深刻の度を増しているが、非行をした少年の軌跡を辿っていくと、きまって少年の「孤独」に突き当たる。家族はいても団欒がなく、隣家はあっても隣人愛はない。学級はあるが熱情あふれる教育がない。『真剣に自分のことを思ってくれている人は、誰⁉』という少年たちの叫びが聞こえてくるようだ。このような環境で、少年たちは健やかに育っていけるのだろうか？　ことの善悪を識別する力を培い、理想をふくらませていけるのだろうか？

私たちは、ひったくり撲滅運動を進めていくうちに、この運動は少年をとり巻く諸問題を世に問うものになっていくのではないかと予感するようになった。

そんな折、本書で紹介されている、ひったくり非行に焦点を当てた新聞連載が始まった。タイムリーな企画だと歓迎したが、この種の連載にとかくありがちな上澄みをすくったものに終わるのでは、と期待半分で読みはじめた。ところがどうであろう。次第しだいに取材は深まり、次々と知らない世界に私たちを連れていくではないか。翌日の新聞が待ち遠しい、そんな心境で毎回を読み進めたものである。

さて本書は、この新聞連載の元になっている多角的かつ重層的なフィールド調査と専門家の論考で構成され、ひったくり非行という少年問題について深く探究している。大阪でひときわ目立っていたひったくりが、平成十一年に入って全国で急増し、いまや大阪だけの問題ではなくなっている。この時期に本書が上梓される意義は大きい。

ある大学の教授から、「学生は未来からの留学生」と思って教育にあたっているとの話を聞いたことがある。この名言がいみじくも語っているように、私たちは、日本の将来を青少年に託すのである。この観点に立てば、少年問題は国民的課題といわなければならない。本書が、少年非行に関心をお持ちの方々のみならず、一人でも多くの方のお目にとまることを念ずる所以である。

目次

装幀　おがわさとし

はじめに

『物やお金を盗むのは悪いことかもしれないけど、盗《と》られるほうも悪い。』

『物を盗ることじたいが、なんとも言えず楽しかった。盗ることじたいが遊び。』

『「お楽しみ袋」みたいに、いろんなものが出てくるから楽しい。』

取材に応じたケンジの言葉である。ひったくりや車上荒らしを振り返って自分の気持を説明してくれたのである。ケンジ同様多くの少年たちも、じつにあっけらかんと、ひったくりを語ってくれた。

彼らはどのような事情で、またどのような気持に突き動かされて、ひったくりに向かっていったのか。そして卒業していったのか。また周囲の大人は何をすることができたのか。

こうした問題に産経新聞大阪本社社会部記者がひったくり取材班を組んで果敢に挑んだ。その成果は産経新聞の〝アカン 許さん ひったくり〟の長期連載として次々に発表されていった。なにしろ「ひったくり非行」の定説や専門家が存在しなかったことから、多方向に取材を行ない、生の声を頼りに連載は進んでいった。

一方私は、少年非行の実務家として取材班から取材を受け、また取材班との情報交換を重ねていた。また実際に連載が始まると、一読者として記事を読むだけではなく、勤務先の施設ではひったくり少年たちを集めて、主として描画を使ったグループワークを行うようになっていた。

そして新聞連載が終わり、その成果も含めて一冊の本を編む段になると、いつのまにか自然なかたちで私もそこに参加することになった。社会部記者のルポルタージュと心理臨床家のアートセラピーが結びつき、いっしょに一つのことを探り、深めようとした試みとなったわけである。

　こうして出来た本書であるが、紙面の都合からも、膨大な取材記事は半分以下にその分量を減らさざるを得なかった。そこで連載の流れを配慮しながらも一部は並びを変え再構成した。また、以下の各ステージの末尾には心理的関点からのコメントとして私の小論を付した。

　第一ステージでは、懸命に捜査・逮捕する警察の姿と大きな傷を負った被害者の姿を紹介し、一方で、あっけらかんとひったくりを繰り返す少年たちの姿とのギャップを考えてみた。

　第二ステージでは、もともと「ひったくり」非行が大阪で多く見られていたことに注目し、その原因を探っている。そもそも新聞連載はこの問題意識から出発したものであった。

　第三ステージでは、「ひったくり」非行が、それを行う少年たちからすると、金目当てだけでは語りきれない何かがある。それは何なのか。現在の流行現象の謎解きの核心部分でもある。

　第四ステージでは対策編として、親たちの対応、専門家の指導を紹介し、個人レベルでどう「ひったくり」少年たちが立ち直っていくのかを扱っている。
そして巻末にエピローグ〝ひったくり考〟として、同じ連載のなかから、家族の問題に関心を抱くカウンセラーや社会学者、そして家庭裁判所調査官からの貴重な発言をまとめることにした。

全編を通し、記者の取材も実務家の臨床も、ともに探索的に進んでいく。実証的な記事や教科書的な記載を期待される方は失望されるかもしれない。しかし、「ひったくり」を行う少年たちについてすこしでも知りたいと願っておられる方々には、必ずなにがしかの発見と手がかりをお伝えできるものと信じている。

法務心理技官・臨床心理士　藤掛　明

Stage 1.

いま何が起きているのか

ここ数年、ひったくり非行が急増中である。社会問題として論じられることが増え、捕まえる側の捜査機関の努力と熱意にも莫大なものがある。そして実際に被害に遭った人々は、経済的なダメージにとどまらず、さまざまな心理的なダメージも受けている。

しかしそれにしても、ひったくりを行う少年たちの感覚は恐ろしいほどに気軽なもので、彼らのあっけらかんとした供述は周囲を驚かせている。こうしたギャップはいったいどこからくるのであろうか。ふつうの粗暴非行とは違ったなにか特別な意味が、ひったくりには潜んでいるのであろうか。

Scene 1

逮捕する

空と陸、執念の追跡

大阪府警平野署。地下の奥まった一室に「ひったくり捜査本部」の看板がかかる。捜査資料が机の上に山のように積まれ、刑事があわただしく出入りする。『おい、その資料どうなってるんや。もっと身辺捜査を進めろ！』『これから調べてきます！』、捜査員の鋭い声が室内に響きわたる。まさに、ひったくり捜査の最前線である。

同署管内のひったくり発生件数は平成九年、四一三件で府内ワースト1だった。翌十年春、阪本安幸署長から激しい口調でハッパをかけられた捜査員は、胃が痛む思いだった。汚名をそそごうと苦心していたにもかかわらず、三月から四月にかけて、過去最悪だった前年をしのぐ勢いで発生が続いていたからだ。

捜査員らが、かねてマークしていた暴走族グループの内偵と、連続犯の絞り込みの「二本柱」で捜査を進める一方で、発生時には府警航空隊のヘリも出動、空からも捜査網を広げた。

三月中旬。ついにヘリがミニバイクに乗ったヘルメット姿の男を写真にとらえた。この「写真の男」こそ、平野区を中心に約三六〇件、計約三千万円の犯行を繰り返していた二人組の一人だったのだ。

『写真の男は、八尾市内に住む少年に似ている』、四月になって、暴走族の捜査からこんな証言が寄せられ、さらに『暴走続仲間の二人がひったくりをやっている』という重要情報が入った。ツトム（十七歳・仮名）とシゲユキ（十六歳・同）の二人だった。

捜査員はわき立った。十二人の捜査態勢が敷かれ、二人の身辺を調べる「的割り班」と、被害が集中する銀行周辺で犯人を迎え撃つ「よう撃班」の二手に分かれた。まもなく二人の住む高級マンションが割れ、的割り班が二人の出入りやバイクの走行距離をチェック、よう撃班は息を殺して銀行周辺に張り込んだ。

ある日、ヘルメットをかぶってマンションを出るツトムが確認されたあと、よう撃班の前に不審なバイクの男が現われた。ツトムの服装とそっくりだった。
『間違いない。あいつらが銀行帰りの主婦を狙ってるんや！』

大阪府警航空隊のヘリが空からひったくりを警戒する

地上と空から追跡しても、バイクを巧みに操って一方通行を逆行し、車の間を縫って逃げる二人を捕まえるのは至難の業だった。『データを積み重ねて、追い込むしかない』、捜査班は再び二人に対する徹底的な身辺捜査を始めた。

ツトムは仕事もしていないのに数百万円の預金があり、バイクの走行距離は一日約七〇㎞にものぼっていた。ヘリが「写真の男」をとらえた際、壁にへばりついて身を隠していたツトムを会社員が目撃していたこともわかった。捜査班は六月、三カ月がかりで積み重ねた捜査資料と合わせて逮捕状を請求、二人を窃盗容疑で逮捕した。

暴走族で知り合ったという二人は『ひったくりに技術なんかいらん。ミニバイクが運転できて度胸があれば、いつでもどこでもだれにでもできる』と供述。多いときには一日七、八件の犯行を重ね、一回で六十万円を奪ったときもあった。盗んだ金は風俗店などで使い、捜査員に『捕まるまでやめられなかった』とうなだれた。

――信じてやるしかない

『なんでわしが、こんなんされなあかんねん』、昨年秋、共同危険行為で摘発された暴走族のタカシ（十七歳・仮名）から大阪府警南署の刑事が任意で事情を聴いていたときのことだ。

タカシはシンナーを吸っているせいか、ぼんやりとした感じに見えた。が、都合の悪いことを聴かれると態度を一変させ、刑事をにらみつけた。そこで刑事は、こう切り出した、『まず、二人で約束事を決めようや。おまえと話をするときは、タバコはぜったいに吸わん。だから、おまえもこれからタバコは吸うな。これは約束やぞ』。

刑事は二度とタカシの前でタバコを吸わなかった。それからタカシはすこしずつ話しはじめた。学校や地域の先輩に誘われて暴走族に入ったこと、自分をあまり叱らない両親のこと……。『暴走のほかには、なにも悪いことはしてへんのか？』という問いかけに、タカシは『じつは、ひったくりもやりました』と打ち明けた。

この自供から、タカシら暴走族の三人が窃盗容疑で逮捕された。

三人のうち、暴走族でリーダー格だった大工のヒデ（十八歳・仮名）も最初、別の刑事に反抗的な態度をとった。茶髪にがっちりした体格、眉間にしわを寄せ、鋭い目つきの少年だった。

『人に会ったらまず挨拶やで』、刑事がさとすように話しかけると、ヒデはもぞもぞしながら『そんなもん、したことない。恥ずかしいわ……』。『挨拶は人間としての常識、礼儀やぞ』、刑事の提案で、取調べは『おはようございます』という朝の挨拶から始まるようになった。

ヒデの母親は、夫の暴力などが原因で別居中だった。住所も役所に届けず、生活保護の手続きもしていなかったらしい。『ちゃんと働いてるんやったら収入あるやろ。なんでひったくりなんかするんや』、刑事の追及に、ヒデは『金が足らへんのや。ほかにどないせえっちゅうんじゃ』と声を荒げた。家計を支えようと大工の稼ぎの一部を母親に渡していたのだが、遊ぶ金がなかったというのだ。

『親に働いた金を渡すなんて、ええとこあるやないか。偉いやないか』、刑事はヒデを誉める一方で、厳しく叱った、『君がひったくった金も、被害者が一生懸命働いて手にした金なんやぞ。ひったくりが、どれだけ人を傷つけるかわかるか。そんな金をもらってお母さんが喜ぶとでも思てんのか』。

ヒデは最後に刑事に言ったという、『もう、これで立ち直ります。捕まってよかったです』。

百戦錬磨の刑事でも、ひったくり少年から本音を聞き出すのは難しい。無表情で口数が少ない反面、強がり、反抗的な態度をとる。と同時に、『知らん』『べつにどうでもいい』と無関心を装う反応も目立つ。少年たちの性格は百人百様。家庭や周囲の環境もそれぞれだ。逮捕された三人のうち最後の一人（十七歳）は、取調室に連れて来られるなり『いつかは捕まると思ってました……』とポロポロと涙をこぼした。

短い拘置期間中、刑事たちは少年の心を解きほぐそうと話題や雰囲気を変え、じっくり少年の話に耳を傾ける。ときには怒鳴って、叱りつけることもある。『心を開くきっかけを与えてやることが大切。最後に「ちゃんとまともになって、顔を見せに来ます」と言う少年もいるが、どこまで本気なのか、結局のところわからない。それでも、少年たちを信じてやるしかない』と刑事は話した。

――上納金制度に驚き

『じつは、先輩に言われて持って行ったんです。ぼくらの中学校には悪い伝統がありますねん』、平成十年四月、大阪府警布施署の取調室。ひったくった現金の使途を追及する刑事に、逮捕された中学三年の少年（十四歳）は、救いを求めるように打ち明けた。「悪い伝統」とは、在校生の不良グループがひったくりなどでつくった金を卒業生に上納する暴力団顔負けのしきたりだった。

この事件で、少年の通う中学の二、三年生九人と別の中学の一人が逮捕・補導された。少年たちは『自分たちも三年生をしのいで卒業したら甘い汁が吸える。そのときまでの辛抱だと思って、ひったくりをしていた』と七、八〇件、計約二百万円の犯行を自供した。

その二ヵ月前。在校生グループのリーダー、ヒロシ（十四歳・仮名）が親名義で買ってもらった携帯電話に、卒業生からの電話がしつこくかかっていた、『金を持ってこい』『最近なにを避けとんねん』。要求は次第にエスカレートし、ヒロシは三、四十万円をふっかけられていた。

卒業生のなかには、逆らった相手をバイクの後ろに縛りつけて引きずり回したという恐ろしい「伝説」をもつ先輩もいた。その先輩よりもさらに怖いボスからの呼び出しだった。ヒロシが仲間の四人と指定された公園に出向くと、ボスを含め三人が待っていた。凍りつくような夜、ヒロシらは地べたに正座させられ、『金がなければ、ひったくりをしてでも持ってこい』と脅された。見せしめに狙いをつけられたヒロシは容赦なく蹴り上げられ、バイクの盗難防止用U字ロックで殴られた。

それでもヒロシは、母親にも先生にも『通りすがりの人とケンカしただけ』と嘘を言って隠し通した。『チクっ（密告し）たら、もっとひどい目に遭う。ひったくりをしてでも、金をつくるしかない……』。三月下旬の夜、ヒロシたちはミニバイクに三人乗りをして、主婦

（五十六歳）から現金約三十三万円入りのバックをひったくった。
別の在校生も先輩に『明日までに四万円用意しとけ』と脅され、翌日、主婦（三十六歳）の自転車の前カゴから現金三千五百円入りのリュックサックを奪った。

布施署はこのあと、在校生を脅していた十七、八歳の卒業生グループ六人を恐喝や窃盗容疑で逮捕した。彼らは『自分たちもやられてきたから、当然、吸い上げてもいいと思っていた』と供述。後輩から計約百万円を巻き上げ、バイクを買ったり、カラオケに行ったりしていたという。

『それまではゲームセンターなどで遊ぶ金欲しさからの犯行がほとんどだった。「上納金制度」を聞かされたときには驚いた』と、同署の中元寺五郎・ひったくりプロジェクトチーム班長（四十九歳）。卒業生から在校生には、「同じ地域でやらず、場所を変える。連続してやるなら、服を着替える」などの犯行ノウハウが伝授されていた。

「日本一の中小企業の町」として知られる旧布施市域は、ひったくりで平成元年から七回も全国ワースト1になった。同署は平成十年、署をあげてひったくり対策に取り組み、六十六人（前年比三十六人増）を逮捕。府全体で前年の約二五％増となるなか、発生を一三件少ない三九六件に抑えた（府内ワースト三位）。蝟集、暴走行為、けんか・口論、シンナーの申告件数も、前年より一〇二六件減少し一六六六件に留まったという。中元寺班長は『ひったくりには、少年といえども強制捜査で臨む。逮捕して、非行に走っている環境から切り離す。彼らを立ち直らせることができなければ、捜査の努力が無駄になる』と熱い口調で話した。

Scene 2

被害者の叫び

――大きな黒い手が

暗闇のなかに突然、伸びてきた手は、とても大きく、真っ黒に見えた。気が動転し、約三年たった今も「大きな、大きな手」だけが記憶に残っている。

春の夜、午後九時ぐらいのことだった。大阪市内に住む会社員、阿部和子さん(五十五歳)は市内の中心部で、自転車の前カゴに入れていたショルダーバッグをミニバイクの男にひったくられた、『後ろのほうで、なんか変な気配がするなあ、とは思ったんです。すると突然、前カゴに、ヌッと手が伸びてきました。あっという間の出来事でした』。

バッグの中には、有給休暇もとらずに働いた給料の一部の現金約六万円のほか、自宅のカギ、銀行のキャッシュカード、健康保険証などの生活必需品が入っていた。『お金がもったいないとか、そんなんじゃないんです。突然に物を奪われるという、言葉にならないほどの恐怖のほうが、はるかに大きかったんです』と阿部さんは言う。ひったくられた瞬間、声にならない「うめき声」をあげた。心のなかでは『やめてっ、とらんとってー』と叫んだつもりだった。

その日は地下鉄を降りて、駅前に止めていた自転車に乗っていた。車がやっとすれ違えるほどの細い道、人通りはほとんどないが、通り慣れた道だった。日ごろから「ひったくりに遭わないように」と、自転車の前カゴにバッグを入れるときは、上着を載せるなど防犯上の工夫はしていた。事件当日も、自転車のハンドルにバッグの肩ひもを巻きつけ、すぐに盗っていかれないようにガードしていた。

背後から、ポッ・ポッ・ポッという奇妙な音が聞こえてきた。いま思えばバイクのエンジン音だったのだ。阿部さんが『変な音だな』と思った瞬間には、すでに「大きな手」が前カゴに伸びていた。その手はバッグを奪って、猛スピードで逃げようとした。バッグが自転車のハンドルに巻きつけられていたため、自転車はバイクに引っ張られた。阿部さんは「ここで転んだら大けがをしてしまう」と必死になってペダルをこいだ。

もう一五mほど進んだだろうか、バッグのひもがプツンと切れた。バイクはどんどん遠ざかっていった。バッグは奪われたが、バイクに引っ張られる恐怖からは解放された。『犯人には逃げられましたが、ひもが切れてくれて逆によかった。あのまま引っ張られていたら、どうなっていたか……』、阿部さんは身震いした。

ひったくり警戒に出動する大阪府警のスカイブルー隊

『自宅のカギも盗まれたでしょ、住所がわかる物も一緒にバッグに入っていたし。玄関ドアのロックチェーンをかけてはいたけど、その日の夜は一晩中落ち着かず、なかなか寝つけなかったですね』、ひったくりに遭ってからしばらくの間は、夜、外出することさえ恐怖だった。健康保険証やカード類の紛失届と再発行にも予想以上に手間がかかった。

阿部さんは何度か自転車を盗まれたり、置き引きに遭ったりした。だから「わたしには、どこかスキがあるんだろうか」と自問し、「もっと明るくて、人通りの多い道を歩けばよかった」と反省もしているという。と同時に、事件を思い出すたび激しい恐怖と怒りがわいてくる。『加害者にとって、ひったくりはほんの一瞬のスリルかもしれない。でも被害者にとっては、恐怖は続くんです』と阿部さん。そして、『とられては困る大切なものをいったいどうやって管理していけばいいのやら』と首をかしげた。

――倒され車いす生活も

平成八年四月中旬の夕方だった。買い物をすませた大阪市平野区の無職、村井みさをさん（七十五歳）は「家まであと三分」という場所でひったくりに遭った。

最寄り駅から自宅を目指し、近道を選んだ。住宅が並ぶひっそりとした路地。ほかに人影はなく、村井さんは、道路に面した右手にハンドバッグや買い物袋などを提げていた。

突然、背後からミニバイクに乗った男が激突してきた。バッグなどを引っ張られたかと思った瞬間には、ひったくられた後だった。はずみで体が一回転し、村井さんはその場に倒れた。バイクのハンドルが腰を強打したのか、立ちあがることができなかった、『足の力が抜けてしまって。どうしよう……足が抜けたと思いました』。

右大腿骨を骨折、全治二ヵ月の重傷だった。全身麻酔をかけ手術を受けた。麻酔から覚めかかると、痛みが走った。約一週間は、右足の下に枕を入れて固定。ベッドの上で身動きできない状態が続いた。医師の勧めでベッドに座る練習をしたが、体がフラフラと揺れて、後ろに倒れそうになる。

手術から約二週間、歩行練習が始まった。病院のリハビリ施設で、両脇の手すりにつかまって体を支えた。右足に体重をかけることができない。「このまま歩けなくなったらどうしよう」という不安に襲われた。家庭でも職場でも積極的に働き、旅行好きという村井さんは「寝たきりになるなんて、絶対にいや」と、自分を励ましつづけた。ベッドから起きあがれないときや車いすで生活した時期もあったが、六十八日間の入院後、退院した。入院・治療費には老人医療保険が適用され、負担は比較的軽かったが、郵便局の傷害保険なども使ったという。

村井さんの右大腿骨には人工骨などが埋め込まれている。退院から約半年間は本当にゆっくり、ゆっくりとしか歩けなかった。いまは、正座ができなかったり、階段の上り下りに手すりが欠かせないなどの不便さはあるものの、杖をついて歩くことができる。

『ひったくりは、バッグだけが奪われるという単純な犯罪ではない。一歩間違えると、取り返しのつかないことになる』と村井さんは訴える、『でも、改めて人の温かさも実感できたんです。被害も大きいけれど、うれしいこともあったんですよ。人生のうえでは勉強になりました』。

ひったくりに遭ったとき、『待ってー』という村井さんの叫び声を聞いて、現場付近の住民が犯人を追いかけてくれたうえ、倒れた村井さんに手を貸してくれた。「けがをしてしまったから、辞めないと迷惑がかかってしまうな」と思っていた当時の勤務先の上司は『けがが治ったら、できる仕事をしてくれたらいいよ』と言ってくれた。ふだんあまり親交のなかった人たちも、道で会うと『だいじょうぶですか』と優しい声をかけてくれたという。『重傷を負ってもこうして元気になれたのは、たくさんの人が励まし、助け、力になってくれたから。とても感謝しています』と村井さんは言う、『人間関係は、お互いに相手の立場を思いやることが大切なんですよね。「自分がこんなことをされたら、どんな気分になる

社会になってほしいものです』。

か」、多くの人がそれさえ理解していれば、ひったくりだって起こらない。思いやりのある

――奪ったのは遊ぶため？

大阪府東大阪市の多田一恵さん（四十一歳）がひったくりに遭ったのは、平成九年三月二十五日の昼過ぎだった。現場は大阪外環状線をくぐる歩行者用トンネル。長さわずか二〇m足らずだが、昼間でも薄暗く、町の「死角」になっていた。

犯人はそんなことも計算していたのだろう。自転車を押して歩いていた多田さんは、あと二mでトンネルを抜けるというところで、前から歩いてきた男にすれ違いざま、いきなりスプレーを目にかけられた。

『あ、痛ッと思ったら、もう前カゴから手提げカバンがなくなっていました。とにかく現金をとられたということで、パニックになって……』、痛む目を押さえながら振り返った瞬間には、男の姿はすでになかった。奪われた愛用のカバンには、銀行から引き出したばか

りの現金三百四十万円が入っていた。多田さんの夫が経営するゴム加工会社で働く従業員一五人分の給料だった。

多田さんの会社には、パッキンなどゴム部品を製造する機械が所せましと並んでいる。ひっきりなしに機械の音が響きわたり、従業員がいっときも目を離さず機械を点検してまわっている。その日は、従業員全員が楽しみにしている月に一度の給料日だったのだ。

いつもは取引先の銀行員に持ってきてもらう給料だが、月末で担当者が忙しく、多田さんが受け取りに行くことになった。そんなことは過去にも何度かあったので、三百四十万円という大金を持ち歩くことにも特別な不安はなかった。『やっぱりそれが油断だったのでしょうか。まさか自分が、とは思いもよらなかった』。銀行からの帰りを狙われるケースはよくあるが、『怪しい人には気がつきませんでした』と多田さんは言う。

事件後、多田さんは近づいてくるミニバイクの音や人の足音に敏感になった。『後ろからバイクがやって来ると、エンジン音が小さくなるように聞こえるんですよ。自分のところでスピードを落としてるんじゃないかって……』。もう自分で給料を受け取りに銀行へ行くことはなくなった。自転車の前カゴにカバンを無造作に置くこともなくなり、リュックサックを背負うなど用心するようになったという。

犯人に奪われた手提げカバンは翌日、会社から車で約十分のマンションの自転車置き場で見つかった。偶然にも、多田さんと同じように店の金をひったくられた人が拾い主だった。カバンの中を確認すると、なくなっていたのは現金だけ。通帳も印鑑もキャッシュカードも手つかずだった。

従業員の給料は、夫の父親が家を新築するために貯めていたお金を借りて補塡した。『世の中に悪い人なんていないと思っていたんですが……なんで人のモノを盗るんやろ。そんなことして気持ええんかな』、多田さんはどうしても犯人に聞いてみたいことがある、『何に金を使って、いまはどうしているのか』と。『どうせ遊ぶのに使っているんやろけど、それを考えるとすっごく腹が立つ。またどっかでひったくりを繰り返しとんのかな』。

東大阪には中小・零細の町工場がひしめいている。不況の波にさらされ、取引単価がわずか一円上下するだけで商売が大きく変わる厳しさがある。多田さんの会社でも早朝から深夜まで、機械がパッキンを打ち出す。ひったくり犯は、現金だけでなく、働く人の汗と誇りもいっしょに奪い去って行ったのだ。

突かれたスキ、話しつづけ

「ひったくりに遭ったことを恥ずかしがらないで、近所の人たちにどんどん話していこう」、平成十年来、自宅前でバッグをひったくられた大阪市生野区の無職、中山三重子さん（七十二歳）はこう考えている。もちろん、犯人への怒りは収まらない。警察に通報した直後は、自宅前で何台ものパトカーが赤色灯を点滅させ、何事か、と大騒ぎになった。

『あの奥さん、ひったくられたんやて。どうせボケッとしてたんやろ』『どんくさいなぁ』と陰で笑われているかもしれない。そんな恥ずかしさもあった。気が動転していた中山さんから事情を聴いていた警察官が言った、『おばあちゃん、この体験を近所の人に話して、みんなで気をつけてくださいね』。ハッとした。「自分の嫌な体験を話し、どんなふうにひったくられたかを多くの人に詳しく知ってもらうことで、すこしでも被害者を減らすことができるかもしれない」と思った。以来、『なにも自分からバツの悪い話をせんでも』という声も聞こえてきたが、人が集まる場所で堂々と、ひったくり体験を話すようにしている。

一月下旬の午後五時すぎ、家族の入院の手伝いなどでくたくたになって帰宅し、玄関前でかぎを出そうとバッグを持つ手の力を緩めた時だった。自転車に乗った男が突然、バッグをひったくって行った。『バッグになにか、かすったなと思った時にはもう、バッグはありませんでした』と中山さんは話す。『かっぱらい、かっぱらいやー』と叫びながら、老いた足のことも忘れて追いかけた。しかし自転車は猛スピードで逃げ、アッという間に見失ってしまった。どんな服を着ていたか、何歳ぐらいの男だったか、どんなに思い出そうとしても思い出せない。

バッグには、銀行で引き出したばかりの現金や貯金通帳などが入っていた。自宅のカギもとられたので、その日は恐ろしくて寝つけなかった。「犯人は銀行を出てからずっと後をつけてきたのでは」と考えると、背筋が寒くなった。

いつもてきぱきと動き、しっかり者と言われている中山さんは、周囲の誰かがひったくりに遭ったという噂を聞いても、「自分はだいじょうぶ」と信じていた。だが、犯人に狙われたのは、疲れがたまり、自宅前でホッと気を抜いた瞬間だった。だから体験談を話すときは必ず、『どんなに自分はだいじょうぶと思っていても、わずかなスキを突かれる』と強調している、『どんなにしっかりバッグを持っているつもりでも、犯人はものともせずにひったくって行きます』。

中山さんが暮らす地域は、お年寄りが多く住む古くからの住宅街。体験談を近所で話しているうちに、自分の周りにもひったくりの被害者が大勢いることがわかってきた。四、五千円程度の被害なら泣き寝入りして、警察に被害届を出さなかった人も何人かいた。逆に、ひったくりに遭っても、犯人の顔を確かめ、近くにいた人と連携して一一〇番通報した結果、犯人が逮捕された例もあった。また、信号が青になって歩き出した瞬間に、後ろから自転車やバイクでひったくられるケースも多かった。

『みんなで話し合っていると、どんな時に、どんなふうに狙われるかがわかってくる。いざというとき、どう対応したらいいかのヒントもあるんですよ』、中山さんは『地域ぐるみで予防に取り組んでいかなくてはいけない。本当に嫌な御時世ですが……』と訴える。

鈍感になる子供たち

——悪いことの基準

ひったくり非行の子供たちと話していると、そのあっけらかんとした態度に驚くことが多い。本心から悪いと思っているのか、いないのか。未熟な十代前半の非行少年全般にも通じるものがあるものの、やはりひったくりの子供たちはどこか「あっけらかん」の加減が違うように思える。

少年院での、あるグループワークの時間のことであった。私は少年たちと、「犯罪の重さ・軽さ」について話し合っていた。話し合いが一通り終わったところで、各人でコラージュという描画作品を作ってもらうことにした。これは「切り貼り絵」とも呼ばれ、雑誌やパンフレットの絵や写真を自由に切り抜き、それを画用紙に好きなように貼り付けるもので、表現の即興性やイメージの豊かさに魅力があり、やってみるとこれがなかなかに面白い。そしてなにより、それを契機に新しい発見や思いつきが生まれる。

シゲルは、他の少年たちが作りあぐねているのを尻目に、「軽い犯罪」「重い犯罪」という二作品をあっという間に作り上げた。「軽い犯罪というのは空き巣。重い犯罪というのは強盗」と説明し、二枚の絵を掲げた。図1は「軽い犯罪」のほうである。彼が言うには、『直接被害者自身から物を盗ったりお金を盗ったりということはないので、被害者の人もそんなにショックを受けることはないと思って作りました。だから被害者の人（左の女性の写真）も怒ってる顔じゃなくて、笑ってる顔にしました』。

なるほど、悪いことの基準として「相手がどのくらい嫌がるのか」というのは正しい感覚である。被害者の嫌がる感じ、辛い感じが感じ取れるのであれば非行への歯止めになる。が、しかしである。シゲルのコラージュは、あくまでも加害者から見た光景でしかない。空き巣で被害者がにこやかにしているのは単に、被害に遭っていることをその時点で知らないからにすぎない。時間が経ち被害がわかれば、当然、嫌がったり、辛かったりという表情になるにちがいない。加害者がそれを目撃しないだけなのである。考えてみるとずいぶん身勝手な罪責感の処理のしかたである。

私はシゲルと話しながらハッとした。じつは頭のなかで、こういう処理をするシゲルはどんな非行をしていたのだっけと考えていたのである。

ひったくりだ。

「ひったくり」こそ、被害者と直接接触しながら被害者の表情や感情を感じずに済む特殊な非行なのだ。考えてみるとひったくりは常に被害者に背中から近づき、追い抜きざまにバッグを奪い取る。すると今度は一目散に被害者を自分の背中の後ろにおいて逃げていく。時おり耳にする被害者の悲鳴が唯一被害者の感情を生々しく教えてくれるが、それだってバイクや車の爆音に消されたりするのである。

恐喝にしろ強盗にしろ、被害者とのからみがある。決めゼリフにしろ、脅かすポーズにしろ、相互作用のなかで、相手と面と向かう必要がある。駆け引きも技術も要る。被害者の驚愕、恐怖、言い逃

図1

れ、あるいは反撃など生々しい相互作用に一瞬でも身を置かねばならない。

しかしひったくりにはそれがない。一瞬のうちに被害者の背中を追い、被害者のバッグを盗るのであるから、被害者の顔はもちろん、被害者の反応もあまり知らないで終わってしまう。ひったくり少年たちからすると、被害者の感情を目撃せずに済むぶん「軽い」のである。ひったくり非行のトリックのひとつである。

――顔も見えない

オサムも、少年院で出会ったひったくり少年だった。

じつに蕩々と「ひったくり哲学」を私に語ってくれる。必ず成功する自信があるのだと言い、被害者の選別から手口のバリエーションまで熱心に話す。毎回、三十五から四十歳くらいの女性を狙うのだが、バッグや服装の高価なものを身につけている人を狙うと現金が多いのだそうだ。そして彼自身迷うのが、バッグが高価なのに服装がそうでもない女性のばあいで、収穫がまちまちであらかじめ推測できないのだと言う。彼の顔は得意満面である。

今回捕まったのもひったくりの共犯がドジで捕まっただけなのだと力説する。『少年院まで来たので、もうひったくりはやめる。誘われたら断る自信はまだないけど』と最後は急に歯切れが悪くなる。

少年院では同じ問題を抱えている少年を集めて、集中的に指導・治療することがある。問題群別指導などと呼び、施設ごとに独自なカリキュラムを用意している。私はある時期「ひったくり」をした少年たちを集めて、描画を中心としたグループワークを連続して行うクラスを担当した。

オサムもそのクラスに参加した。クラスの冒頭で参加者全員にひったくりのイメージをコラージュにしてもらってみた。図2はオサムの作品である。右からイラストの女性、写真の女性、そして裏返した小さなシルエットの女性、と三人が並ぶ。『同じひとりの人を三つに分けたんです。これ(右のイラスト)は警戒しているところ。これ(中の写真)はバッグをとられた瞬間。これ(左の小さなシルエット)はバイクに

図2

乗った犯人（さらに左のシルエット）を追いかけているところ』だそうだ。やはり彼のイメージでも、ひったくった瞬間から被害者は小さなシルエットになってしまうのだ。被害者の痛みは知るよしもない。

彼はまたこうも豪語した、『ひったくりは、被害者や周囲にいる警察を相手に自分が鬼ごっこをしているようなところがあって、それがおもしろいんですよ』。

被害者を三分割にしたコラージュも、被害者の動きに巧みに反応しようとするオサムの視点が伝わってくる。周囲との駆け引きがおもしろいという言葉もなるほどと思わせる。被害者の痛みに鈍感になれればこそ、ひったくりは行為じたいを楽しみ、スリルや獲物を求める遊びになってしまうのであろう。

こうして私とオサムとの、描画を中心とした関わりが始まった。

――母親世代が狙われている

オサムには物心がついたころから父親はいなかった。病弱な母親が忙しく働きに出ていた。

彼はもう小学校低学年のころから家出を繰り返し、万引きや賽銭泥棒などを行なっていた。彼にとっては家庭よりも家出仲間との交遊が身の置き所となった。中学校のころには教護院(現在では児童自立支援施設)に収容されたが、そこを出るとふたたび家出を繰り返し、今度はひったくりを幾度も繰り返すようになっていた。

彼はどこか優しい受容者を求めている。最初の自由題のコラージュでは「女だらけの楽園」(図3)という作品を作ってみせた。彼はボーイッシュな女性像は嫌った。強さのない優しく愛らしい女性がいいと言う。ある少年からは『よくもこれだけ女を集めたな』とのからかいの声があがった。しかし彼は御満悦である。

あるセッションでは、参加者めいめいが未来の自分を夢たっぷりに描くことにした。オサムは大勢の参列者で満ちた葬式風景を描い

図3

た。これは大きな暴力団の組長の葬式で、この後、その組長の未亡人と自分が再婚して組を継ぐのだという。未亡人の逆「玉の輿」にのる話に周囲からは笑いが起こったが、彼が母親や母親の一方的な愛情を幼児のように求めているようで、私には笑えなかった。

さきほど、ひったくりと恐喝や強盗との比較をしてみたが、被害者の年齢で考えてみると、これも際立っている。恐喝や強盗が同世代に向かうことが多いのに比べ、ひったくりは大人世代に、とりわけ年輩の婦人に向けられているのである。

しかしここにひとつの問題がある。それは、年輩の婦人というのは、ひったくる側から見れば自分の母親と同世代になるということである。オサムにしても三十五から四十歳のオバサンを狙ったと言うが、彼の母親もちょうどこの年齢にあたる。自分の母親同然の女性を狙うのである。オサムには抵抗はないのか。

おそらくオサムは、被害者だけでなく母親にも鈍感になっているのだ。ずっと母親に愛情を求めながらも得られない状態を続けるなかで、母親という存在に鈍感になることで気持の揺れをおさめてきたのであろう。

ひったくりの少年たちと話していると、オサムのように家族、とりわけ母親の存在にこだわりながら、鈍感になっていることが多い。だから婦人を狙うひったくりにブレーキがかからない。極端な例だが、自分の母親がひったくりの被害に遭い、母親の経済的な被害や恐怖に震える姿を目の当たりにしながらも、自分自身はひったくりを続けているようなこともある。

本書に、ひったくり事件で少年院に収容されたヨウジの話が載っている（一三五頁）。彼は少年院で「内観」というプログラムを受けた。これは外部からの刺激を遠ざけた個室のなかで、幼い頃からの生活を振り返り、親から何をしてもらったのか、自分は親に何をしてあげたのか。その関わりを一つひとつ思い起こし、自分を見つめ直すという心理療法の一種である。ヨウジに親への感謝の気持が芽生えたとき、自分が中学生のころに母親を殴って骨折させたことを思い出した。そして親のつらさを親の立場から考えられるようになったとき、自分のひったくりの被害者への思いも湧くようになった。ヨウジはしみじみと『相手は怖かっただろうな、と思います』と話した。このように親との関係が回復したとき、親世代を襲うひったくりの罪責感も回復していくのである。

オサムが最後のセッションで、少年院を出てからの自分の生活をイメージし図4のようなコラージュを作ってくれた。さきに可愛らしい受容者たちをはべらせていた彼だが、とうとう一人の女性と結婚するイメージになったのである。照れもなく「出会い」と名付け、まだ自分の作る家庭や家族のイメージがリアルに作りづらいのか、猫の家族仲むつまじい光景(中央右)を貼ってくれた。下のほうには相変わらず可愛らしい女性たちを数名用意しているのは、お愛想であろう。

私がいちばんうれしかったのは、作品中央に、自分の妻が自分の母親といっしょに住み、お茶を出している場面が貼られたことであった。まだ小さく、また写真のようにリアルでないイラストではあるが、そうした母親イメージを貼った彼をまじまじと私は見つめた。きっとこの先、母親のイメージが膨らみ、彼の心のなかで動き出すとき、彼のひったくり非行にもほんとうの罪責感が生まれるのではないか、と私は希望の感触を得たのであった。

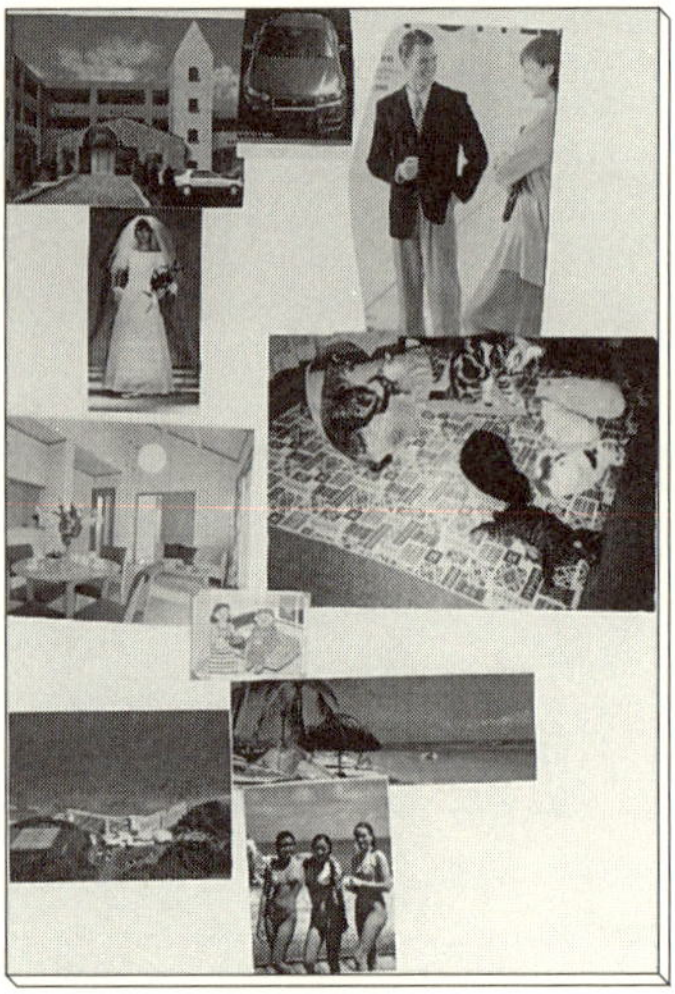

図4

Stage 2.

それは大阪から始まった

大阪でのひったくり発生件数は平成十年に一万件を突破した。二十三年連続で全国ワースト1の記録を更新中である。そもそも本書の発端となった新聞連載も、そうした現象の究明に向けられて始められたものであった。

大阪人の気質のようなものとひったくりには、なにか結びつきがあるのだろうか。大阪という都市の構造には、ひったくりに資するなにかが潜んでいるのであろうか。

なぜ大阪に多いのか？　……それは「なぜ全国でひったくりが急増中なのか」を考えるうえでも重要な問いかけである。

Scene 1

大阪人気質

――遊び感覚で犯行

平成十年一万件を突破した大阪のひったくりは、二年前の約一・八倍にも急増している。しかもワースト2の東京を倍近くも引き離している。なぜ、大阪でこれだけひったくりが多いのか？　私たち取材班は、大阪と東京でそれぞれ、十三歳から十九歳の少年百人ずつから聞き取りを行なった。

どう思う？――

少年たちがひったくりをどうとらえているかを探るため、大阪市平野区・枚方市・東大阪市・堺市、東京二十三区の、駅前周辺や子どもたちのたまり場で《ひったくりをどう思うか?》という質問を繰り返した。厳密な調査とはいえないが、一定の傾向は探れるのではないだろうか。その結果を見ると(図6)、〈否定派〉が九六人にのぼった東京に比べ、大阪は〈許容派〉が各段に目立つ。「しようと思ったことがある」は、東京がゼロだったのに対し大阪は六人、「やったことがある」も、東京がゼロなのに大阪では二人もいた。

堺市内の無職少年(十八歳)は『彼女が昨年九月、駅近くで約一万円入りのバッグをひったくられた。彼女は腹が立つと言うが、僕は、そんな時代やからとあきらめている』と話した。

東西比較——

取材班はさらに質問を続けた、《ひったくりをする理由は何だと思う?》……〈簡単にお金が手に入るから〉大阪六三人/東京八一人、〈楽しいから〉大阪一四人/東京一一人、〈友達に誘われて〉大阪一〇人/東京七人、〈嫌だったが無理やりやらされた〉大阪一〇人/東京一人。こうした少年たちの答えは何を意味しているのだろうか。私たちはかつて大阪少年鑑別所で多くのひったくり少年に面接した経験をもつ藤掛明・神奈川医療少年院統括専門官のもとを訪れた。

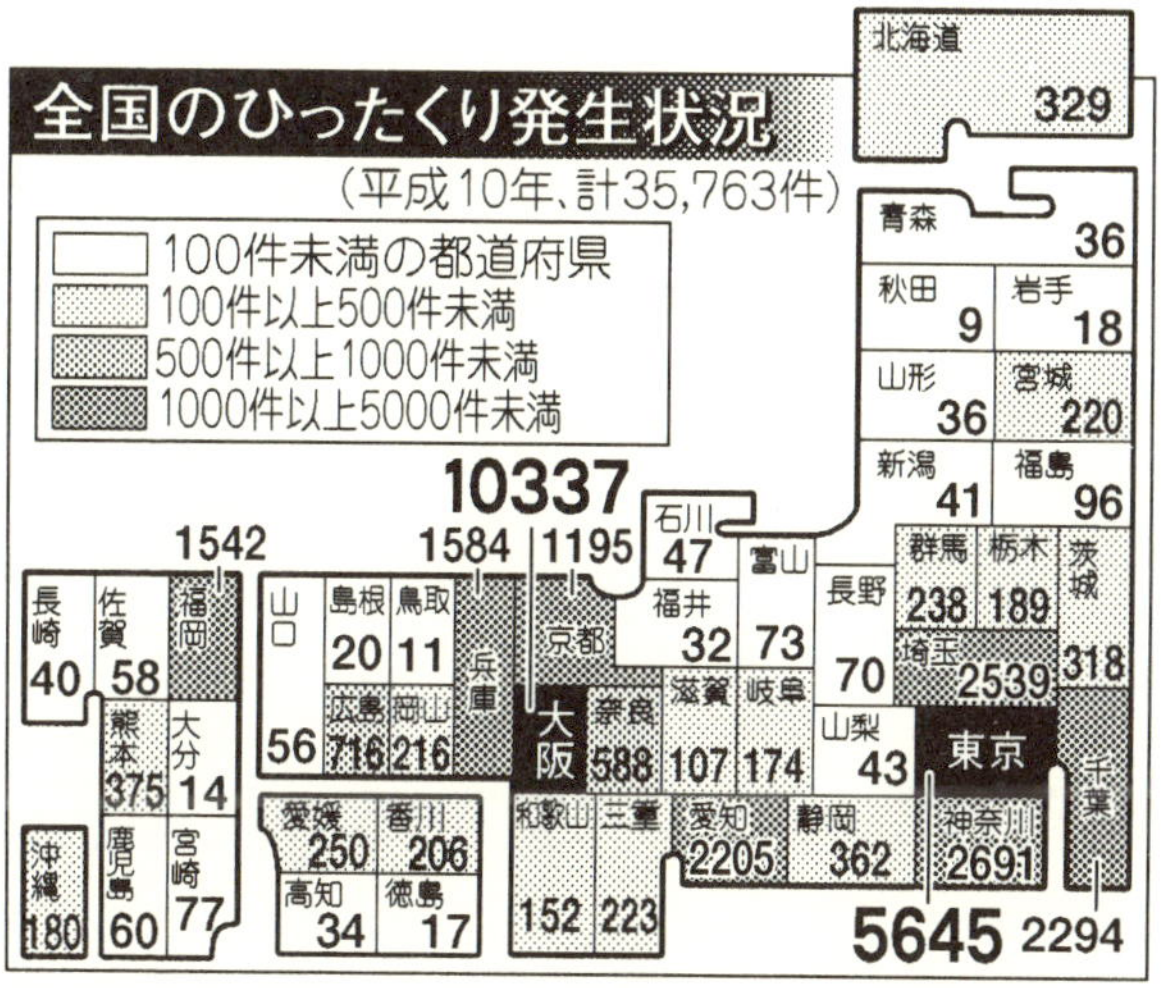
全国のひったくり発生状況
(平成10年、計35,763件)
100件未満の都道府県
100件以上500件未満
500件以上1000件未満
1000件以上5000件未満
北海道 329
青森 36
秋田 9
岩手 18
山形 36
宮城 220
新潟 41
福島 96
石川 47
富山
73
福井 32
長野 70
群馬 238
栃木 189
茨城 318
埼玉 2539
山梨 43
東京
5645
千葉
2294
神奈川 2691
静岡 362
愛知 2205
岐阜 174
滋賀 107
三重 223
奈良 588
和歌山 152
大阪
10337
京都
1195
兵庫
1584
鳥取 11
島根 20
岡山 216
広島 716
山口 56
香川 206
愛媛 250
徳島 17
高知 34
福岡
1542
佐賀 58
長崎 40
熊本 375
大分 14
宮崎 77
鹿児島 60
沖縄 180

図5

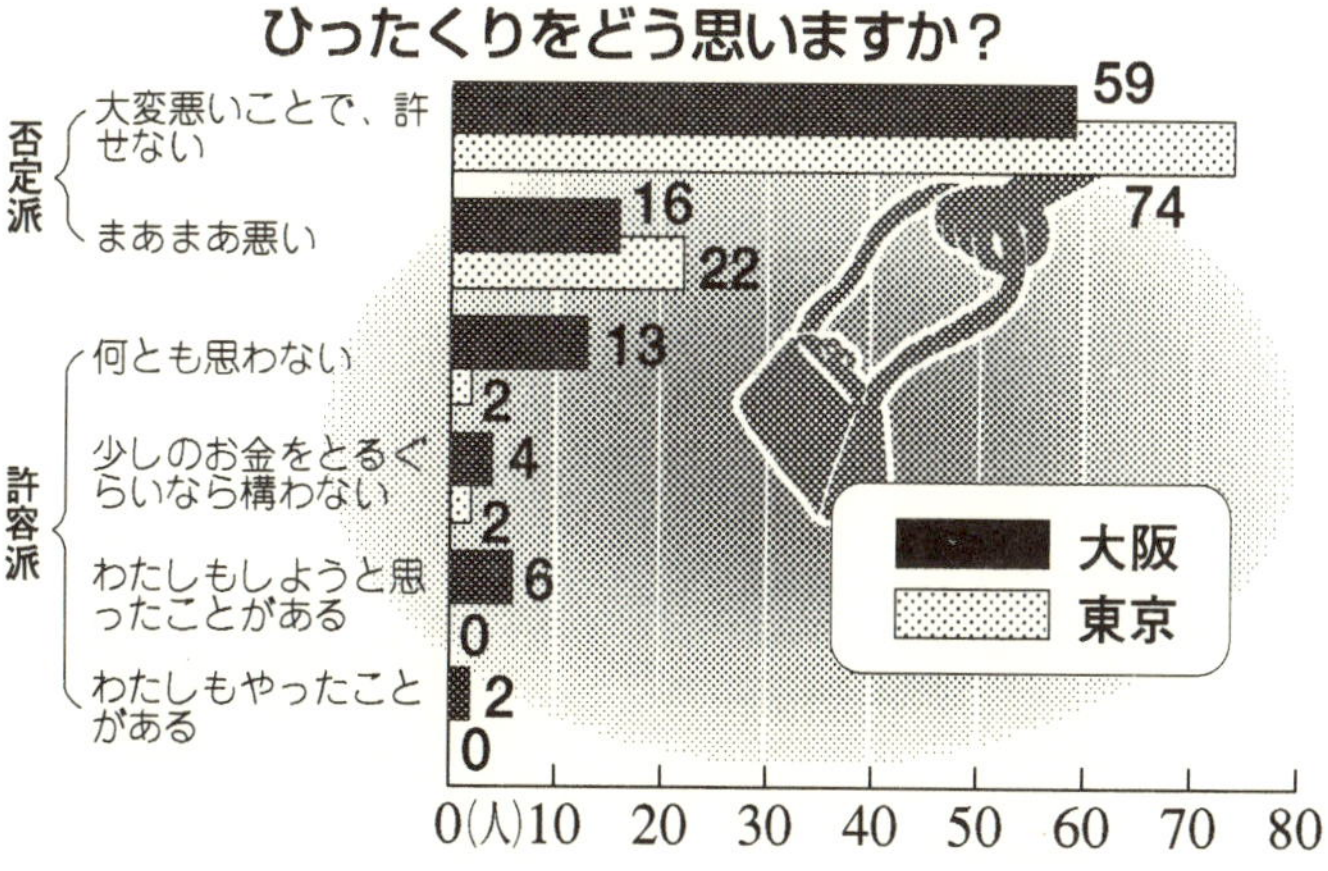
ひったくりをどう思いますか？
否定派
大変悪いことで、許せない
59
74
まあまあ悪い
16
22
許容派
何とも思わない
13
2
少しのお金をとるぐらいなら構わない
4
2
わたしもしようと思ったことがある
6
0
わたしもやったことがある
2
0
0(人)10 20 30 40 50 60 70 80
大阪
東京

図6

藤掛さんは、他の質問に対する少年たちの回答も踏まえ、まず、多くの少年たちの認識について「ひったくりは集団により、金目当てに地元以外で行なわれ、成功していると考えられており、悪いこととしてとらえられている」とまとめた。そのうえで、東西を比較、「こうした多数派の認識をもつ東京の少年たちに比べ、大阪は、ひったくりは友達や先輩からの指示で行なわれ、失敗し、それほど悪くはないという意識があることになる」と分析した。

遊び目的――――

少年たちに《気晴らしの方法》も訊いてみた。大きくグループ分けすると……〈ひとり遊び〉大阪四九人／東京四一人、〈大勢で遊ぶ〉大阪三五人／東京二八人。

藤掛さんによれば、最初の質問で浮き彫りになった大阪の「ひったくり許容派」25人に絞って分析すると、〈大勢で遊ぶ〉という少年が多かった。またひったくりの動機については〈楽しいから〉〈友達や先輩の誘いや指示で行なう〉と答えるケースが目立ったという。

少年たちの聞き取りから、藤掛さんは『ひったくりには、金目的の本格犯罪と、人間関係に動かされる遊びの延長という二つの認識があると思う。大阪では「本格犯罪なら許せない、遊びの延長なら許せる」というニュアンスが感じられた』という。

そして「東京では、ひったくりは本格的犯罪で、自分たちとは別のところにあるという意識が強い。大阪では、本格犯罪という意識と、遊びの延長線上で見聞きしていて身近な問題として考える意識の両方が存在していた」と分析した。

――ワースト1の風土

『どないなってんねん大阪！』、天才漫才師といわれながら五十一歳で亡くなった横山やすしさんが声を大にして問いかけるマナー広告（写真）が、平成九年秋、大阪で話題を呼んだ。

横山さんの大きな顔写真とともに、ワースト1の犯罪事例がずらりと並べられている。ひったくりはもちろん、自動車盗、ひき逃げ、刑法犯少年の検挙・補導数、暴走族の団体数……。件数はいずれも平成七年のものだが、何年も連続して大阪で全国ワースト1となった犯罪がほとんど。なかでも、信号が青になる前に自動車を発車させてしまう「フライング発車」の数は世界ワースト1だった。

これほど多い大阪のワースト1。ポスターの横山さんは『悪いところでイチバンになってどないすんねん。ええところで一等賞とろうや。オレの分までしっかり頼むで、ホンマ』と叱咤する。

このマナー広告は、公共広告機構が始めた活動の一環。メンバーになっている広告代理店、博報堂関西支社がボランティアで製作を手がけた。それにあたって「まず大阪地域の課題を見つけよう」とスタッフが図書館へ通って資料を調べた。担当した工藤清チーフディレクターは『すると、おもしろいようにワースト1のデータが見つかった』という。

当初、ワースト1のポスターを横山さんの写真を使って製作すると同時に、相方の西川きよしさんに登場してもらい《大阪のナンバー1》ポスターも作る予定だった。しかしナンバー1はなかなか見つからない。あるとしても〈博覧会が過去二回も三回も開催された〉とか〈橋の数が多い〉などあいまいな内容で、「これはいい！」と誰もが思える説得力のあるナンバー1は見つからなかった。結局、ナンバー1の広告製作は断念することになってしまったという。

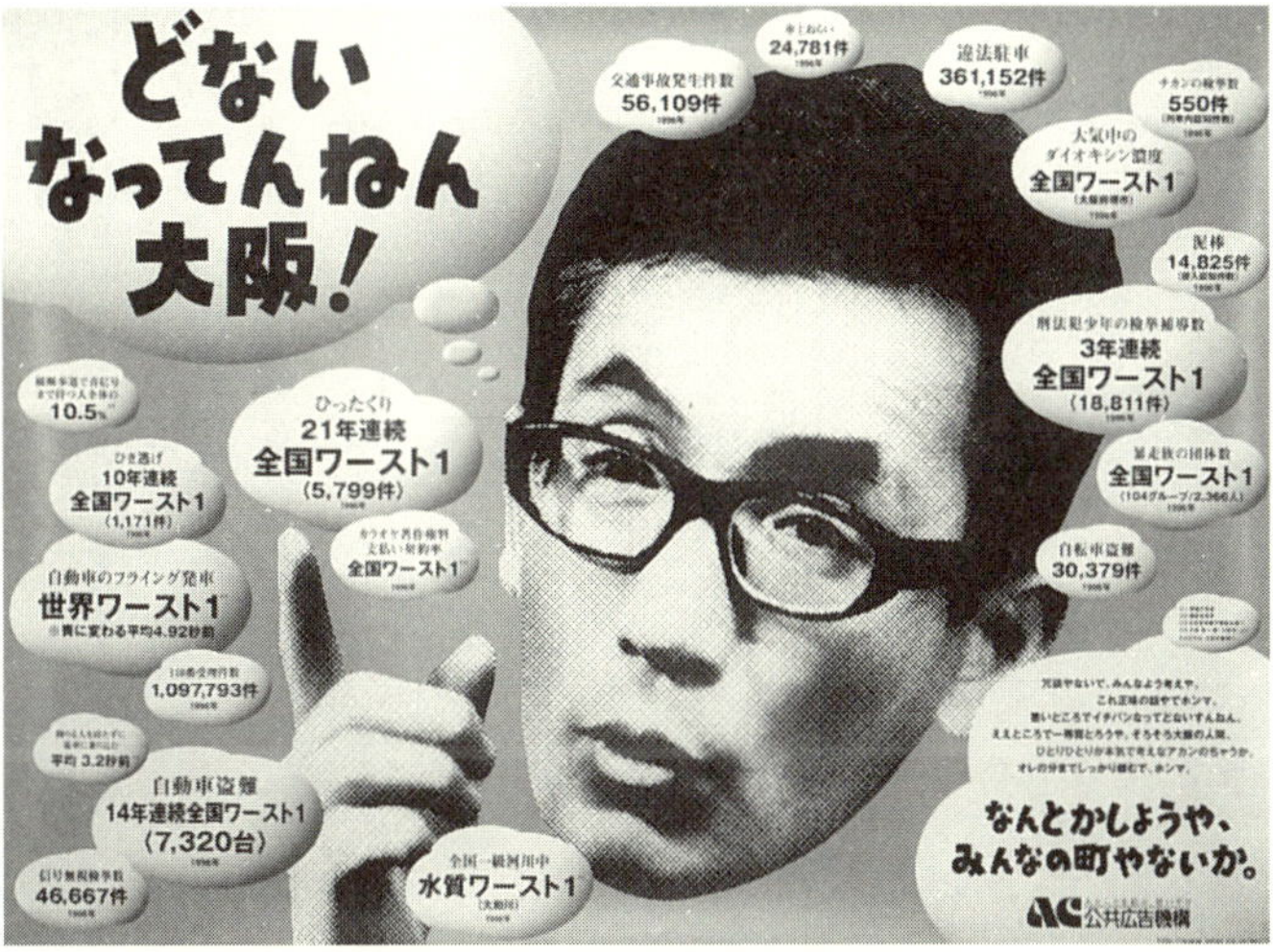

「どうして大阪の恥ばかりを強調するの？」と行政関係者からは当初、戸惑いの空気が感じられたという。しかし製作サイドの主張は「事実は事実。市民にありのままの大阪を知ってもらう意味はある」だった。

製作過程を振り返り、工藤さんはいま『この広告は、大阪でしか成立しなかった』と断言する、『大阪人には「あんたもアホやけど私もアホ」とさらっと言えてしまうような空気があると思う。関西弁で言われると、大阪人はあまり悪意を感じないのでは？ 東京などではキツイ感じになってしまうでしょうね』。

マナー広告の甲斐があったのか、ヘ川の

水質ワースト1〉は翌年その地位から脱出した。川をきれいにしようという市民運動の広がりが出てきたからだという。しかし、ひったくりは残念ながらワースト記録を二十三年連続で更新するだけでなく、発生件数がついに一万件を突破した。

総合芸能誌『上方芸能』編集長の木津川計・立命館大学教授は『大阪は、街全体に誘惑や刺激が多い、いわば「原色の街」のイメージが強い。独特の発想からなるアイデアの宝庫であるがゆえに「人に先んじて何かをしよう」という思いが個人個人に強く、街全体がせわしなく、いらいらと自己中心的な行動に走ることも考えられる』と語る、『だから、善悪の区別なく簡単に少年たちまでが犯罪に走ってしまう風潮があるのではないか。ひったくりは、いかにも遊び感覚。上方文化を育ててきた大阪人が誇れるはずの「遊び心」が次第に堕落し、若い世代にまで伝えられてしまっているのではないか、と心配だ』と表情を曇らせた。

違反・犯罪に甘い風土

『大阪は、交通マナーに対する意識が他の地域に比べてずば抜けて低い。意識構造というか、ものの考えかたが違う。違反や犯罪に寛容といってしまってよい』と交通科学研究所所長・大阪大学名誉教授の長山泰久さん（六十七歳）は言い切る。

長山さんは『交通に関する行動には、人間心理のすべてが凝縮されている』と言う。そして平成六年に全国の四都府県で実施した交通行動の観察とドライバーへのアンケートの結果を取り出した。それによると、シートベルト着用率は、他の三都県では六〇―八〇％以上なのに、大阪だけが五〇％を切っている。ドライバーに《シートベルトは面倒ですか？》と質問したところ、〈はい〉と答えたのは他では五〇％台前半だったのに、大阪では七六％と突出していた。〈安全な運転より、うまい運転と言われたい〉〈酒を飲んで運転することがある〉という回答も大阪だけで目立ったという。

長山さんはこう解説する、『社会のなかではふつう、社会規範やルールが個人の欲求を抑えている。しかし大阪では、個人の欲求が強く、社会の規範が緩いという両面がある。ルールへの抵抗感が強く、法を守るより、みんなが思っていることを良しとする空気があるが、それが厳しくないから抑止力が働かない』。

心理学上、近畿・瀬戸内地方は「躁鬱気質地帯」、東北・関東・九州西部は「分裂気質地帯」と分けられ、心理や行動にそれぞれ特質がある。大阪は「情」「社交」「でしゃばり」「遠慮なし」がキーワードで、東京は「知と理」「きまじめ」「理想追求」が当てはまるという。

東京に比べ大阪では、ひったくりは一・八倍の約一〇三〇〇件、自動車盗は三・五倍の約七二〇〇件（平成十年）、ひき逃げは三・三倍の約一二〇〇件（平成九年）。ひったくりやひき逃げが大阪でこれだけ多いのは、物事を真剣に考えていないことの表われ、「気楽な社会」の象徴といわれる。暴走族が起こした大きな事件を東西で特徴づけると、東日本はグループどうしの抗争が目立った。一方西日本は、警察に反撃しながら逃走劇を演じるケースが多く、「期待族」や「ギャラリー族」と呼ばれる周囲の見物人が無責任な声援を飛ばして騒動に加わるのが特徴だという。

『社会や大人たちが本当に、ひったくりやひったくり少年たちを厳しく見ているのだろうか』と長山さんは疑問を投げかける。

暴走族の場合バイクを使うので、少年も近所の目がある程度気になるが、ひったくりは地元以外で行われることが多く、犯行は一瞬で人目につきにくい。しかし、少年たちの生活の変化に、親や教師、友達がぜんぜん気づかないのだろうか。ひったくりをしていない同級生が、突然羽振りがよくなったひったくり少年を「羨ましい」と思うようになったら……。

『大阪には、お上に反発するのと同時に、悪いことをたたえるような風潮があり、悪ぶって言うほうが評価される。「ええかっこすんな」と揶揄されるから、社会的に正しいことを主張する人が少なくなる』、長山さんは苦笑しながらも真剣な表情で続けた、『少年のひったくりが蔓延すればどういう結果になるのかを直視して、社会的視点で考える必要がある。私は研究のなかでシートベルトの着用を呼びかけていますが、すぐ「シートベルトなんて……」と茶化すのがいる。大阪のもっとも苦手な部分なのですが、社会的視点でまじめに考えないと』。

Scene 2

都市の死角

――心に影さす街の暗さ

ひったくりの発生は午後六時から午前零時までに、全体の四二・七%が集中する（大阪府警の調べ）。「大阪でひったくりが多いのは、街が暗いから」、私たち取材班が抱いた仮説のひとつが、十年前の調査で実際に裏付けられていた。

社団法人・照明学会関西支部が大阪府警と共同で昭和六十三年・平成元年と六年に、街路照明と路上犯罪の関係を調査したところ「府内の一定面積の照明の明るさは、東京の半分」であることがわかった。さらに、ひったくりの発生状況などを加えて分析すると「大阪の道路の明るさを二倍にすれば、発生件数は約四割減少する」との結果が出た。

調査委員長を務めた野口透・元摂南大学工学部教授（六十七歳）は『大阪はキタやミナミ

のイメージが強いが、じつは大阪市内でも周囲の住宅地や商店街は、けっして明るいとはいえない』と指摘する。

当時すでに大阪のひったくりは十年以上連続で全国ワースト1を記録。ひったくり対策は大きな懸案だった。府警は調査結果をもとに、府内の各自治体に街路照明の増設を要請しつづけてきたが、野口さんは『一部で改善されているにはちがいないが、東京と比べかなり立ち遅れた状況は、いまも変わっていない』と言う。

では実際、大阪の夜はどの程度暗いのか。

府警がひったくり多発地域として調査を依頼した府内四地区の典型といえるのは、三〇mおきに二〇Wの蛍光灯がぼんやり灯っているのが特徴だった。四m離れてしまうと人相などを見分けるのは困難となり、分厚い調査報告書には、街灯の下で顔が影になってしまった現地写真が多数掲載されている。

人相を確認するには、八〇Wの水銀灯を二五m間隔で設置、一帯に明るさのムラを生じさせないようにするのが理想という。「後ろから狙うひったくり犯でも、遠くから目撃される可能性が高くなり、かなりの心理的影響がある」からだ。

街路照明などの基盤整備には莫大な費用と時間がかかるため、行政の取り組み方が文字どおり「明暗」を分ける。野口さんは『東京と大阪は、自治体の防犯への力の入れかたが明らかに違う』と説明する。

夕暮の住宅街
表通りから一歩入ると街灯の数もめっきり少なくなる

平成六年度の調査では、東京のほぼ百パーセントの自治体が街路照明に関する規格や基準を定めていた。これに対し大阪は、調査対象とした十七市町のうち規格や基準をもっていたのは六市だけ。「調査も、東京ではスムーズに進んだが、大阪では防犯灯の数を把握できていない自治体もあった」、大阪では、交通事故防止を目的に幹線を中心に設置される道路照明とは異なり、街路防犯灯は長年、地元町会が設置・維持・管理するのが原則だった。

大阪市の場合、道路照明は年平均五〇〇〇基ペースで設置され、平成九年度末の総数は七五〇〇〇基と、十年前の二倍に増えた。ところが生活道路に必要な街路防犯灯（蛍光灯二〇W）は年平均一〇〇基のペース。記録も五年前までしかなく、総数は不明という。昭和三十七年に制定された街路防犯灯の設置要領は「地元から要望があれば設置費用は市でもつが、電気代などの維持費や補修は地元任せ」という内容。設置から補修まで市や区が担う東京の自治体と格差が生じるのは明らかだ。

『ひったくりなどの路上犯罪が増えつづける以上、防犯灯は都市基盤として早急に整備すべき』と野口さんは指摘する。東京ほどではなくてもそこそこの明るさがあるから、大阪に防犯意識が高まらないのか。そして、ひったくりをやりやすいのか。

――狙われやすい「細い道」

午後六時、ＪＲ学研都市線四条畷駅前。幅三ｍほどの細い道は、学校や仕事帰りの人たち、買い物客でごった返す。銀行やスーパーがあり、前カゴにカバンを入れた自転車も列をつくっている。

その間をナンバープレートをつけていないミニバイクが一台、また一台とすり抜け、猛スピードで角を曲がって行った。二人乗りや三人乗りも見かける。『仕事人（ひったくりをしそうな少年）が向こうへ行ったで』『ほんなら、気いつけるわ』……住民のあいだで、いつしかこんな会話が交わされるようになった。

周辺で、わずか半年間に約三〇件のひったくりが発生した。

平成十年八月、現金二万円入りのカバンをひったくられた主婦、服部洋子さん（六十歳）は『夜八時半頃だった。主人といっしょに駅を出ると、バイクに乗った二人組の少年に気づいた。歩いて帰宅中、バイクでカバンを奪われた。それは駅で見かけた二人組だった』と振り返る。通勤中に弁当をひったくられたサラリーマンもいた。

クリーニング店を営む牧野町子さん（六十二歳）も『四年前、預かっていた孫が急病になって、娘が仕事を早退して引き取りに来る途中、給料袋の入ったカバンをバイクの少年にひったくられた。娘は警察の事情聴取で遅くなり、孫を遠くの救急病院まで連れて行かなければならなかった』と言う。

牧野さんは最近目撃したひったくりの手口をこう証言する、『少年はカバンをひったくると、すぐ別の少女グループに渡していた。少年は捕まっても何も持っていないので、言い逃れができる。道が碁盤の目のようになっていて、犯行後、逃げやすいんです』。牧野さんはひったくりの現場検証に立ち会う少年を見かけたことがあるが、『その子はヘラヘラ笑って、反省している様子はまったくなかった』という。

門真市や寝屋川市などに住む少年グループが平成十年八月から十二月上旬にかけ、大阪府警に逮捕され、計一一五件のひったくりを自供、被害金額は約六百七十万円にのぼった。犯行場所は四条畷市のほか、大阪・門真・寝屋川・八尾などの各市に及んだ。調べに対し、少年たちはこう供述している、『四条畷の駅前は道が細く、すれすれで追い越せるので、カモ（被害者）から確実にひったくることができた。捕まるとは思っていなかった』。

このグループが逮捕されたからといって、駅前周辺のひったくりがなくなったわけではない。平成十年末には、郵便局で現金約百万円を引き出したばかりの主婦が、自転車の前カゴに入れていたカバンを奪われた。

大阪府道路課によると、道幅が五・五m以上に整備されている道路改良率は、平成十年現在、四条畷市の市道で四八%、大阪市を除く府内市町村道の改良率六九%を大幅に下回り、能勢町・河南町・田尻町・千早赤阪村に次ぐ府内ワースト5。府道と主用地方道、府が管理する一部の国道を加えても、四条畷市は五一％で、府全体の改良率七二％に遠く及ばず、四条畷市の道幅が府内でもかなり狭いことがわかる。

逮捕された少年たちの『細い道を狙った』という供述をデータがきっちり裏付けていた。

――消えた警戒の視線

『少なくとも大阪の都市構造に、他都市とは違う、犯罪に直結する明確な要素はないと思うのですが……』、都市をテーマに「大阪論」を活発に発表している武庫川女子大学の角野幸博教授は、ひったくりの現状を示すデータを手に、こう切り出した。

①大阪 ②東京 ③神奈川 ④埼玉 ⑤千葉、平成十年ひったくりが多かった都道府県の順番である。いずれも「大都会」という共通性があるが、大阪が突出しているのはなぜだろう。角野さんは、まず自転車に注目した。同年、大阪では被害者の五三・八％が自転車の前カゴからひったくられていた。一方、自転車による犯行は全体の九・三％だった。

『自転車を利用しているケースが目立ちますね。つまり大阪は自転車がとても走りやすい街だということです。その理由は「大阪平野」にあります』と角野さんは指摘する。JRや私鉄の鉄道網が発達している大阪では、駅から自宅までの通勤・通学や買い物に、自転車を利用する女性の姿が目立つ。山と海に挟まれ坂が多い神戸では、中高年の女性が買い物に自転車を使うというわけにはいかないだろう。

どうしたらひったくりが少なくなるのか、街づくりの面から角野さんに考えてもらった。角野さんによると、もっとも防犯効果の高いのは「誰かに見られているかもしれないという恐怖心」だという。それを街づくりに生かせるかどうかで、犯罪の発生率も変わってくる。『たとえば京都の古い家には格子がありますよね。あれは外を歩く人にとっては「見られているかもしれない」という恐怖心があるんですよ。やんわりとした監視のシステムといいますか……』。

かつては台所の窓から通りが見渡せた。主婦たちは洗い物をしながらでも、近所の動きをそれとなく知ることができた。もちろん怪しい人がいれば警戒する。それがいまでは、台所は表通りから離れた場所に設置されることが多くなった。表でひったくりをする側にしてみれば、誰にも見られていないという安心感が生まれる。現代の都市には、路上犯罪を抑止する「視線」がないといえる。『犯罪を防ぐためには、街に人の顔が見える「仕掛け」が必要なのでは』と角野さんは提言する。

格子がある京都の町家。外を歩く人に「見られているかもしれない」という思いを抱かせ、防犯上の効果もある。

大阪では、都心を離れれば、懐かしい下町の雰囲気を漂わせる路地が顔をのぞかせる。昔は地域住民の交流を深める公共スペースだったが、いま、ひったくり犯に狙われる格好の場所に変わってしまった。路地に限らず、マンションの共有スペースなどからも人の姿が消えた。

『自分のプライバシーを守ろうという意識が強すぎて、家の外への関心がなくなっているのかなあ。住宅街でひったくりが多いのは、近所付き合いがなくなってきたということも関係しているのかもしれない』、だからこそ、住民参加の街づくりが改めて求められている、『マンションなどの共有地や公園の維持管理を地域住民の手でやる、一戸建の場合は家の前の道を共通のルールで使う、など住民どうしのつながりを取り戻す。こうした取り組みを積極的に行って、街を甦らせることが、防犯にもつながるのでは……』。

最後に角野さんは大阪論の観点から、やはり犯罪は人の問題だと、ひったくり多発の背景に大阪人特有の「甘え」を指摘する、『犯人にも被害者にも「ここは大阪だから」という甘えがあるのではないか。犯罪に対しては大阪のおおらかさはいりませんよ』。

面接室の子供たち

――私の大阪体験

私は昭和六十一年十二月、大阪少年鑑別所に着任した。それまで関東でしか暮らしたことのなかった私には、地域文化の違いをまざまざと見せつけられた経験であった。非行実務のなかでも、さまざまな発見や驚きがあった。

「ひったくり」少年にやたらとお目にかかったのも、そのひとつである。

私の驚きは、彼らが万引の延長ぐらいの軽い気持でやっていたことだった。私にしてみればひったくりは、強盗に準じたイメージがあった。少なくとも当時大阪以外ではひったくりは発生件数が少なく、気軽に行うような非行ではなかった。ところが大阪では気軽に、中学生くらいの非行の入口にいるような子どもたちがやっていた。いまでこそこうした気軽なひったくりは全国の都市で見られるようになっているが、当時は大阪特有の現象であったように思う。

私はひったくりのことをあっけらかんと語る彼らに憤った。

しかし、そうした憤りは当の少年本人だけでなく、私の同僚にも百パーセント伝わらないような気がした。試しに「ひったくりと空き巣ねらいと、もしするとしたら、どっちを選ぶか?」という突拍子もない想像上の質問を同僚にぶつけてみた。すると、ひったくりであると判で押したように皆が答えた。ただ一人東京生活が長かった職員だけが、空き巣ねらいを選んだ。空き巣支持が当然であると思っていた私は、不思議でならなかった。

そのころ参加していた母親の学習グループの席でも、やはり同じ質問をしてみた。結果は同じで、東日本出身の母親が空き巣を選び、他の母親はひったくりを選んだ。また、たまたま大学の先生が学生を連れて施設に共同研究の打ち合わせに来たことがあった。ここでも同じような質問をしてみると、同じように結果が分かれた。

ひったくり選択組は、『ひったくりのほうが、より弱い被害者を自分で選べる』と言う。『しかし空き巣のほうは、被害者に遭遇せずに済ませることだってできるではないか』と私は反論する。すると『空き巣のほうが、家のなかで偶然どんな人物に会うかわからないから怖い』との意見が出る。しかしひったくりだって、必ず自分の姿は被害者に見られるわけで、通行人に取り押さえられることだってある。そっちのほうがよっぽど怖いじゃないか、と私はむきになって言い返す。机上の勝負はなかなかつかなかった。

大阪の鑑別所に収容されている少年たちは、ほとんどが大阪の子供であったのであるが、たまたま関西圏でない地域から大阪に家出をして来て、窃盗で捕まり大阪の鑑別所に入った子供がいた。家出中の生活費稼ぎのために空き巣ねらいを繰り返していたのだった。同僚の職員が面接を担当し『空き巣なんてスゴイこと、どうして思いついたの。ひったくりとか、他にもいろいろあったでしょうに』と話を向けると、その空き巣ねらい少年は『ひったくりなんて怖くて出来ませんよ！』と答えた。

どうやら私の騒いでいることも本当らしいということになった。

——ひったくり少年の面接

そうした成り行き上、ひったくりの経験のある少年を面接するときには力が入った。しかしどうあがいても、非行の初期段階からひったくりを行うことが圧倒的に多いことを認めざる得なかったのである。たしかに単独でひったくりをする少年には、強盗まがいのケースもあった。しかし集団のひったくりとなると、いともたやすく行なわれていたのである。私は「ひったくり＝凶悪犯」のイメージを大幅に修正するとともに、この集団のひったくりのいとも**たやすい**くの部分をなんとかして究明したいと思った。

タカシは十四歳。家出中の友達に付き合っていっしょに行動し、金に困って相棒の提案のままにひったくりをした。途中もう一人がひったくりに加わり三人でしたこともあった。合計で一五件くらい行ったところで、警察の取り締まりが厳しくなったと感じて、今度は万引に切り替えた。面接者である私は、万引よりもひったくりのほうが気軽に行動されていたことに面くらった。タカシはタカシで、まさか付き合いのひったくりで鑑別所まで来ることになるとは思っていなかったらしく、やはり面くらっていた。図7は彼の描いた「仲間画」である。三人が重なって描かれ、ひったくりの提案者が先頭になり、タカシはいちばん後ろの三人目。まるで『私はそんなに悪くないのだ』とでも言うかのように。

タクヤは、高校生四人組のひったくり集団の一人であった。四人とも補導歴もなければ怠学もない。学校中心の生活を送っていた。それが二人一組でひったくりをして、その成果を競い合っていたのである。喫茶店に集結し、二手に分かれてひったくりを行い、その成果を同じ喫茶店で報告しあうということもあった。タクヤは初め、ひったくりにはかなり躊躇していたが、四人組のなかでは「おとぼけ」「とろい」と言われていることもあり、ここでそういう仲間を見返してやるのだという思いが強かった。あとには引けなかったので

図7

ある。おもしろいことに、この集団では二人一組の親友関係がはっきりしていた。そしてその親しい仲間同士では、ひったくりをけっしていっしょにしなかった。彼らは親しいからいっしょにするというのでなく、それほど親しくないからこそひったくりをする。そこには、虚勢を張り合う姿、馬鹿にされまいと背伸びをする姿が見え隠れしているようにも思えた。

ゴロウは三人組のひったくり集団のリーダー格の少年であった。もともとこの集団は、彼とエイジという幼友達に、ツヨシという新しい仲間が加わって形成されたもので、エイジはどちらかというと付き合いの長いゴロウに親和していた。エイジの描いた仲間画(図8)を見ると、自分も仲間も並列に描き、ややゴロウ(中央)に近い位置に自分(右)を描いている。距離の近さは心理的な近さの表れである。一方、ゴロウの仲間画(図9)を見ると、ゴロウは自分を集団の外に置き(右)、他の二人の玉投げというやりとりを注視している。彼は、親

図8

しかったはずのエイジの近くに、なぜか自分を描けなかった。彼らのいともたやすいひったくりの仕掛人は、じつはゴロウであった。彼は過去にひったくり体験をもっており、他の二人を強引にひったくりに引き込んでいったのである。ゴロウはひったくりという方法で集団に介入し、失地回復を図ったようなところがあった。

――ひったくりの印象

たしかにひったくりは、非行の入口にいるような少年たちに多かった。ただ、それ以外にもいくつかの特徴が印象づいた。

第一に、ほとんどの者が「みんながやっている」「やれば成功する」というイメージをもっていたことである。『先輩が一回で五十万円もとったんです』『知っているヤツが、もう一〇〇回はひったくりをしているのに捕まったことは一度もないんです』……「おまえら、ほんとうに見たんか！」と内心私は思う。それくらい見てきたかのよ

図9

うに彼らは、鑑別所の面接室でいきいきと口コミ情報を話しだす。タカシの相棒もゴロウも、最初にひったくりを敢行したときに、手ほどきをしてくれた人がいたわけではなかった。ただ先輩の体験談を聞いて突き動かされたのだった。「みんながやっている」「やれば成功する」という情報である。

「みんながやっている」し「お咎めがない（成功する）」となると、その行為はそれほど悪いことではないように思えてくる。少年の逸脱へのブレーキをゆるませる要因である。実際には、ひったくりをやっているのは全体からすれば一部の人間である。そして成功する場合もあろうが、失敗し逮捕される人間も多い。しかし、限られた同世代の伝達情報のなかでは「みんながやり」「成功する」という情報が走ると、圧倒的な説得力を生んでしまう。

第二に、彼らが凝集性の低い小集団で行っていることである。リーダー格の少年がいてもそれほどの影響力がない。ときにメンバーが入れ替わったりする。ある時期生まれて、ある時期自然解散していく。またそれに関連して、純粋に金目的だけではなく、お祭り騒ぎ・見栄・競い合い・連帯と、どこか人間関係のしがらみで動いている。彼らになぜひったくりをやるのかと訊けば『金が欲しかったから』と答える。しかし話をじっくり聴くと、それだけではないものが見えてくるのである。不思議な非行集団である。

だからひったくりは、ただの金目当ての犯罪ではなく「人間関係がらみの遊びの延長にある」というイメージになる。金が欲しいからではなく、仲間の誘いであったり、先輩の命令であったり、好奇心であったりするというものである。そこには「本格的な犯罪や非行ではない」というニュアンスが込められてしまう。

――なぜ大阪なのか

それではなぜ、大阪でひったくりは多いのか。

実証的な検討は社会学者にゆだねなければならないとして、ここでは臨床実務家として感じていたことを述べたい。

おそらく大阪で流行する現象の中核には、大阪人の「ホンネ主義」

「合理主義」があるのだと思う。官に対抗する商人文化とでもいおうか、大都市としては唯一最大の長屋文化といおうか、じつに対人距離の取りかたがホンネであり、かつ合理的である。面接室でも、核心部分を『ほんまは自分（あなた）がやったんと、ちゃうの？』と言ってしまうと、きつい響きもなく聞くことができた。一時が万事、実質的ではかが行く感じである。

また大阪は、その都市のサイズが思いのほか大きくない。そして、不良集団は組織化されない群雄割拠スタイルである。ある地域の非行集団が別の集団と接触・交流する機会が増え、非行文化の口コミ情報の伝達力は非常に活発なものがあった。すぐに大阪内での共有情報になってしまう。また路地裏の多さや暗さといった環境は、「やれば成功する」といった口コミ情報を補強し、そうしたイメージを強化するのに抜群の効果があったと思われる。

加えて当時の大阪の非行集団を考えてみると、現在もそうであるが、管理的な大集団を嫌い、非行集団も凝集性が弱い。暴走族の規模も違うし、末端の暴力団員の動きも違う。思いのままに集団を作れる「ひったくり」は格好の集団非行であったのであろう。とくに非行性の初期にある若者が、既存の非行集団に加わらず、自分の身近な人物たちと容易に始められるという魅力は大きいはずである。ちょうど、小規模で自由度の高いバイク暴走集団と近似しており、大阪ではこの二つの集団が重なり合いながら、比較的非行性の軽微な者が集団行動をしてきたのである。

ところがである。

大阪ローカルな話題であったはずの「ひったくり」がここ数年、全国的な現象として広がってしまったのである。ちなみに産経新聞社の東西若者二〇〇人の聞き取り調査に、私の大阪ひったくり体験のシンボルとも言うべき「空き巣とひったくりの、どちらをやりますか」（実際にはもっと上品な言い回しになったが）を質問に入れてもらった。するとどうだろう。明確な東西差は見られなかったのである。

このとき私は、ひったくりの全国流行化の兆しをまざまざと実感したのであった。

Stage 3.
ひったくりの魔力

ひったくりを始めた少年たちは、一度これを経験すると、とりつかれたように反復する。ただ単に金が盗《と》れるからでは説明がつかない「魔力」がひったくりには秘められているからであろう。またひったくりの体験は、次から次へと語り継がれていく。彼らはありありと他人のひったくり談を吹聴する。

いったい、ひったくりにどんな魔力があるというのか。かつて大阪で吹き荒れ、いまでは全国の都市部を席巻しているこの「ひったくり非行」は、現代の若者の生きざまのどこに触れているのであろうか。

Scene 1

スリルを求めて

――なにも悪いことしてへん

『遊ぶ金欲しさと、スリル。なにも悪いことしてるなんて思ってへんかった』……深夜、静まり返った部屋でツヨシ（十九歳・仮名）は悪びれる様子もなく「過去」を語りはじめた。十三歳から十四歳まで「数えきれへん」ほどのひったくりを繰り返した。きっかけは『ひったくりなんて簡単や。金がすぐ手に入る』という友達の誘いだった。

最初に狙ったのは中年のおばさん。手に持っていたバッグをひったくった。胸がドキドキした、『捕まるか捕まらへんかの瀬戸際、スリルが楽しかった』。中学の同級生たちと七、八人のグループを組んでミニバイクに乗り、あたりまえのように、ひったくりを繰り返した。手にした金でボンタン（だぶだぶの制服ズボン）を買ったり、カラオケボックスで飲んで騒いだりした、『自分の財布を開けたら、一万円札がズラリ。友達や後輩におごるのも気持よかった。ただ「かっこいい」と思っていた』。

だが、ひったくったバッグのなかに小さな子どもの写真を見つけたときだけは別だった、『ひったくられたおかげで、この子の将来はどうなってしまうんやろ』。目の前からその子の顔が消えてしまえば心が軽くなるかもしれない。後悔のような罪悪感のような気持をかき消すため、写真を破り捨て、仲間といっしょに『バレへん、バレへん』とごまかしあった。


ひったくり仲間の一人が警察に捕まった。『いつもグループで行動しよな』と話し合っていたが、金に困っての単独犯行だった。ツヨシの犯行も警察にバレた。『悪いことしました。被害者に謝らせてください』と警察官には言ったが、心のなかでは、悪いことをしたという気持はなかった、『ひったくりをしたら、また捕まってしまうかもしれへん。じゃあ、ケンカや恐喝、バイクの暴走やったらうまくいくやろか……』。

それからは、遠くに出かけては茶髪のグループに集団でケンカを売り、鉄パイプで殴りまくった。時速五〇㎞でミニバイクを操りながら、高級スナックから出てくる酔っ払いの頭を狙って鉄パイプで殴り倒し、所持品を奪った、『鉄パイプで一発殴ったらもう後には引けん。逃げるか、続けて殴り倒すかのどっちかやった』。ひったくりや傷害などの容疑で三回も逮捕されたツヨシは、教護院（現在では児童自立支援施設）に入れられた。

『いま、悪いことはまったくしてません。ほんとです』、ツヨシの非行が収まったのには理由がある。

ちょうど二年前、友達二人とミニバイクに三人乗りをしていて、乗用車と激突した。バイクは粉々になり、友達二人は死んだ。ツヨシ自身も意識不明の重体になった。目を覚まし、友達の死を知ったとき、ショックで涙が出た。運転していた少年の父親が土下座をして言った、『ほんとうにごめんなさい。うちの子の分まで頑張って生きてください』。

あちこちで『亡くなった二人のためにも頑張らな』と言われた。母親もツヨシを心配するあまり、病に倒れた。目が見えない状態にまでなり、十二時間以上に及ぶ手術を受けた。交通事故で重体になったとき、一睡もせず看病してくれた母……悪いことばかりしているのに、ずっとそばにいてくれた優しさ……「これ以上、心配も迷惑もかけたくない」と心からそう思う。

『将来の夢？　まだ夢をもてるような段階じゃない。すべてにケリをつけてから』とツヨシは言う。だが、『太陽の下で、思いっきり仕事をしてみたい。働いているうちに、すこしずつ夢が見つかれば、うれしい』と付け加えた。

——とられるヤツが悪い

『物やお金を盗むのは悪いことかもしれないけど、とられるほうも悪い。それに、悪いことをするヤツがいなかったら、警察の仕事がなくなるやろ。「わしらが警察にメシを食わせてやってるんや」と思ってきた』、ケンジ（二十二歳・仮名）はいま、防水工事の仕事をしている。十五歳のとき初めて無免許でミニバイクに乗った。以来、暴走族のメンバーとしてバイクを乗り回した。ひったくり、車上狙い、恐喝……平成十年秋ごろまでは犯罪にまみれた青春だった。

ひったくりはこれまで二回。初めてのときは十六歳だった。自転車の前カゴに入っていたバッグを、ミニバイクで後ろから近づいて、ひったくった、『物をとることじたいが、なんとも言えず楽しかった』。二回目は、四十歳過ぎの女性からカバンをひったくった瞬間、女性がド、ドロボー！と叫んだ、『叫び声があわてていて、やたらと面白かった』。

目的は、遊ぶ金欲しさや暴走族に納める金のためだったこともあるが、「盗ることじたいが遊び」。車上狙いは、数え切れないほど繰り返したという。友達とボウリングに出かければ、駐車場に止めてある車を手当たり次第、荒らしていった。

『他人の車のなかって、「お楽しみ袋」みたいに、いろんな物が出てくるから楽しい』、クレジットカードが出てくると、現金を引き出し、百万円ぐらいの収入になったという。日ごろは車が台無しにならないよう窓ガラスを割らずに荒らしたが、『金持ちは金をとられても痛くはない』と、高級車のガラスは割りまくった。

これまでに自動車盗などで三回逮捕され、少年鑑別所などにも何度も送られた。

ケンジはいま、母と婚約者（十八歳）の三人で暮らす。そしてこの夏、父親になる、『スリルや楽しさが忘れられない分、また悪いことをしたくなるかもしれないが、いまんとこ、やるつもりはない。もうパクられるようなことをしたらあかんなと思う。子どもには普通の人生を歩んでほしいから』。

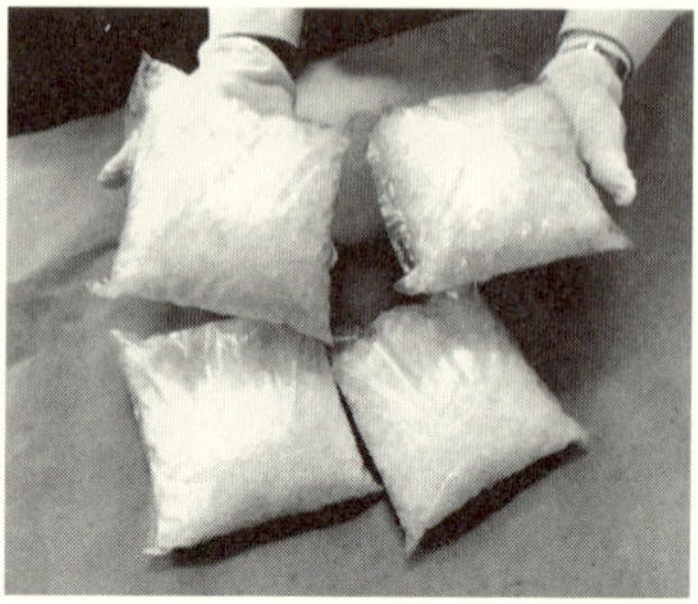

覚せい剤を購入する金欲しさにひったくりを重ねる少年もいる

中学二、三年のころ、友達と遊びながらひったくりをやったヒデオ（十七歳・仮名）もこう言い放った、『ひったくりを減らそうと思うなら、まずとられないようにしろ。オレらがひったくろうと思ったら簡単に盗れる。ほんとうに大切なものなら、どうしてもとられないようにするもんや』。ヒデオは覚せい剤を使うと幻覚が見えることを本で知り、好奇心からあぶって吸ってみた。だが、金がない。ヒデオにとって、ひったくりがいちばん手っ取り早い「資金稼ぎ」だった。

『いっしょにやるのは、いつも決まった一人の友達だった。集団でやると見つかりやすいから、他の友達にはなにも教えない』、月末の給料日の夜、反撃してこない女性ばかりを狙った、『ひったくり一発でポンと金が入った』。『中学へは行かず、高校も三日でやめた。べつに嫌いだからじゃない。夜はシャブ（覚せい剤）やシンナー吸ったりしてたから、朝起きられへん。昼寝るのがあたりまえになっとった』。

未明に、自販機の明かりに照らして、ひったくったカバンを開けていたときだった。警察に見つかったが、『拾っただけ』と言い張ると、その日のうちに釈放された。最近、警察の取り締まりが厳しくなったので、ひったくりはやめている。

『値段が高い覚せい剤を我慢するかわりに、シンナーを吸いつづけている。目標というか、何をしていいのかわからへん。夜も、遊ぶというより、シンナーを吸うしかない』……まだあどけなさが残るヒデオに、出口はまだ見つかっていない。

Scene 2

ふれあいを求めて

――無防備な人がいっぱい

駅前のゲームセンターをぶらついていた高校生のトシ（十七歳・仮名）に、顔見知りになって間もない少年が囁きかけた、『いまからひったくりに行くから、一度、後ろから着いて来いや』。

平成十年七月、高校一年の夏休みだった。ちょうど、アルバイトをしていた工場が閉鎖になり、退屈していたトシは少年について行った。少年はミニバイクにまたがり、トシの目の前で、いとも簡単にひったくりをやってのけた。

そのころのトシは、朝まで友達の家で酒を飲んだり、ミニバイクで深夜の街を暴走したりしていた。シンナーも吸うようになり、自宅に帰るのは午前五時頃。高校へは、眠い目をこすって出かけていた。『ひったくりをしたヤツの話を聞くと「多いときは一度に百八十万円稼いだ」とか言ってた』、それだけあれば、手に入れた四〇〇ccのバイクのローンを返し、携帯電話の料金を払っても、お釣がくる。トシはゲームセンターに集まる遊び仲間とひったくりを始めた。

仲間内では、ひったくりを「仕事」と呼んでいた。八月になって別の工場から働きに来るよう連絡があった。しかし、もうまじめに本当の仕事をする気は失せてしまっていた。

トシは中学時代、運動部で活躍するスポーツマン。高校へ進学したとき、仲間だった中学の同級生と離ればなれになってから、急に学校が退屈になった、『中学の友達とは、原チャ（ミニバイク）盗とか万引とかしてたのに、高校の同級生はみんなまじめ。話題はテレビの歌番組なんかが中心で、ぜんぜん合わなかった。運動部もキャプテンが気持わるいヤツで、すぐにやめてしまった』、トシは高校をさぼるようになり、一年の一学期で別の高校へ転校した。

ひったくりを始めてからしばらくして、仲間が警察に捕まった。すると、十人以上いたグループが芋づる式に引っ張られた。『トシ君いますか』、ある日、刑事がトシの自宅を訪れた。窃盗容疑で逮捕されたトシは、少年鑑別所へ送られ、保護観察処分となった。『警察に捕まって、やっとひったくりをやめられた。逮捕されなかったら、そのまま強盗とかもしていたかもしれない。ひったくりは二〇件ぐらいで、約二十万円とった』、いま、高校へ行く以外の時間をほとんど自宅で過ごすトシは言う、『親が、ひったくった金の一部を弁償してくれた。バイクのローンも親が払っている。おかんもノイローゼみたいになって迷惑かけたし、悪いことした。はやく本当の仕事を見つけて、親にお金を返したい』。

トシによると、ひったくりはバイクをよけにくい細い道、しかも前から車が来ない一方通行路を狙ってやったという。『男を襲っても、財布をカバンに入れていない。だから自転車の前カゴにカバンを入れた女がよかった』、現金を抜き取ったカバンや財布は、原チャで走りながら、後ろに乗ったほうがポンポン投げ捨てるか、見つかりにくい山や川に持って行って捨てた。

『なぜ大阪でひったくりが多いと思う?』と記者は尋ねてみた。

『そやなぁ、ひったくりをやりやすそうな無防備な人がいっぱいいる。大阪は中途半端に都会だから裏道が多い。だから多いんやろ。減らすのはぜったい無理や』、そう答えるトシだが、『ひったくりも暴走も、もうアホらしくなって、やる気がない。ひったくりを誘ったヤツと最初、遊ばんかったらよかった』と、みずからを振り返った。

——先輩から悪さも伝授

アツシ（十九歳・仮名）がバイクに興味をもったのは、中学に入ってすぐだった。友達といっしょに運動部に入ったが、先輩グループが校庭にやって来て、アツシに手招きするようになった。遊びの誘いだった。

悪さをやっている先輩は、アツシには、かっこよく見えた。校舎の裏でたむろすると、先輩たちの大人びた会話に加われた。タオルでマスクをしバイクを空ぶかしする先輩は、アツシのあこがれになった、『原チャ（ミニバイク）って、どうやって乗るんすか』、アツシの興味は自然とバイクに向かった。自分も実際に乗るようになると、先輩たちがやっていたように、自然と「数えきれないほど」のひったくりを犯した。金を奪うと、仲間と女の子を呼んでカラオケボックスで騒いだ。

喧嘩が強く、仲間内では一目置かれていたアツシは、ひったくりの相棒をとくに決めていなかった。知り合ったばかりでも、二ケツ（二人乗り）で走りながら『あれ行こか』と肩越しに囁き合い、路地を縫って走ると、親しくなっていく気がした。『ひったくりが空振りに終わっても、自販機の前にしゃがみこんで、仲間のことや家族のことなんかを話すと、たがいに打ち解け合える気がした』。

「原チャに2ケツ」の暴走族

ナオヤ（十九歳・仮名）がバイクに乗り出したのは中学三年のころから。バイクは好きではなかったが、女の子にもてたい、と空ぶかしを練習して『ナオヤはうまい』と周りから言われるまでになった。好きな女の子ができると「同じ高校に行きたい」と、三年の三学期だけ猛勉強して合格してみせた。しかし、その高校で二年へ進級できなくなって中退。暴走族の先輩に誘われ、先輩のマンションに入り浸ってシンナーを覚えると、生活が一変した。

起きるのは夕方。『どっか行こか』と仲間から電話で誘いがあると、深夜からミニバイクで京都や奈良にも出かけ、車上狙いや自販機荒らし、自動車盗などを繰り返し、「族狩り」をかけてバイクを強奪した。いつのまにか覚せい剤にも手を出していた。
十六、七歳のころから、中学時代には特別親しい間柄でもなかったアツシと、行動をともにするようになった。給料日にパチンコ店や銀行の駐車場の車を狙えば、分厚い数百万円の札束が手に入り、まるで「宝さがしゲーム」のようだった。

アツシとナオヤは、車上狙いや自販機荒らしなどの犯罪を「悪さ」と呼ぶが、その一方で『なにも悪いことしてるなんて思ってへん。それに、もう捕まらん』と言い放った。逮捕されたときも、仲間から引き離されるのがこたえたが、しばらく我慢すればよかった。児童自立支援施設や警察でも、新しい知り合いができた。地元に戻ると仲間たちがいた。

『だいたい、オレが逮捕されたのはぜんぶ、先に捕まったヤツがチクった(告げ口した)からなんですよ』とアツシは強がった。昔いっしょにひったくりをした仲間のことを尋ねると、すこし間を置いて『いまも付き合っているヤツはいてへん』と、口ごもった。

ナオヤが、アツシに目をやりながら言った、『おれは、アツシが捕まったら、おれのことチクるんちゃうかと半分思ってる。チクらんかもしれんし、チクられたってしょうがない』。『おれかて半分、ナオヤがチクるかもしれんと思ってる』、アツシがそっけなく返した。

——連れの世界の流行

あるコンビニエンスストアチェーンの名称を冠につけた「××ばさみ」や「傘キー（かぎ）」が、ひったくり少年たちに広く伝わっているという。この二つの用語について、私たち取材班は大阪と東京で少年一〇〇人ずつに尋ねてみた。

枚方市内の高校生（十六歳）は『バイクやチャリンコ（自転車）を盗む道具のこと。周りがやっていたので覚えた。中学ぐらいの時にやったが、簡単』と答えた。東大阪市内の中学生（十五歳）は『傘キーは有名。自分は連れに教えてもらった。たくさん持ってたらカッコイイみたいな感じで、傘キーを集めている友達もいる』と話した。

用語の意味を知っていたのは、大阪が三一人、東京は一一人だった。

あるコンビニ店で販売されている「××ばさみ」は、いつのまにか非行少年たちが、バイクや部品を盗むときに悪用するようになった。「傘キー」はジャンプ傘の部品の一つで、自転車を盗む「かぎ」代わりに使われているという。

駅前で放置され撤去されたバイク。盗難バイクも多い。

大阪で蔓延するひったくりの大半は、少年がバイクを盗んでする犯行だ。昨年、大阪のバイク盗難事件は三四七一七件。二五〇二人が検挙され、うち少年は約九八%にあたる二四六〇人にのぼった。

少年たちはバイク盗を「ポッコン」と呼ぶ。鍵のロックを外したり、ガソリンを抜き取ったりするとき、カバーやロックが開くとポッコンと音がするからだ。地域によって呼び方は変わるが、『おれポッコンしてくるわ』などと使われているという。

ある府立高校教諭は『ポッコン、傘キー、××ばさみとかは、生徒たちはけっこうみんな知っている。知らないのは大人だけ』、バイク店社長は『××ばさみを最初にとりあげたのはバイク雑誌だと思う。五年ぐらい前かな』という。自転車店主は『傘キーは二、三年前に警察の人から聞いた。自転車のかぎは簡単に開くし、ある意味で、かぎが開く秘密の遊び道具のようなものなんでしょう』と話す。

ここ二年間、ひったくりの激増ぶりはすさまじく、「流行」ととらえることもできる。ひったくりは二人以上、集団で行うケースが多く、大阪では、こうした非行情報が伝わりやすいのではないか、という指摘もある。

『あいつらは誰でも「連れ」。連れの世界といってもいい。しょうもないことほど、すぐに伝わるんですよ、連れに、なんでも。まるでたまごっちの流行と同じ』と大阪市内のバイク店社長は、工具を片づけながら話した。

二十歳代後半のバイク店社長は、こう見る、『あいつらは付き合いの範囲がすごく広い。いまは携帯電話でどんどん広がる。もう学校とか地域とか、男女も関係ない。知り合いの知り合い。暴走族や昔の不良とも違う。携帯持って、高そうな服着て。中学ぐらいでバイク盗めるとステータス。携帯持つと金もいるし、ひったくりできるヤツが一つ上のような感覚。店でバイクの説明をしても、連れ以外の話を聞いていない。でも関係は希薄な感じ。うまく説明できないけど、連れ、連れと言って盛り上がっているだけ。ちょっと理解できん友達関係がある』。

高校教諭の一人は、『生徒たちを注意しても、「みんなやってる」。自分の仲間に何人か茶髪がいるともう「みんな」。一回会って気が合えば「友達」。だけど名前をフルネームで知らない。どこの誰かも。学校とは別の世界をもっているので、把握しきれないんです』と打ち明けた。

集団非行の入門者たち

——野荒らし

ひったくりを行う年齢をみると、そのピークは十五歳だという。たしかに、無謀で活動性が高くなくてはできない非行である。街をフィールドに走り回る子どものようなイメージもないわけではない。

ふたたび場面は少年院に戻る。あるとき、自分の行った非行を振り返ってもらうために画用紙を九つに区切ってもらい、いわば九コマ漫画のように場面を分けて絵を描いてもらった。これを九分割描画という。九つに分けて振り返ることで、そこにストーリーが生まれ、描き手の意味づけがにじみ出てくるしくみである。

ひったくりの少年たちの九分割描画を見てみよう。

図10はヨウイチの描いたものである。彼のひったくりの話は右上から縦に流れていく。

①まず、いっしょにひったくりをしようと連絡を入れた後輩を車で迎えに行く。

②ひったくりのできそうなところを、あてなく探しながら車を走らせる。

③まだ車を走らせている。

④ちょうど駅前に出た。車に乗ったまま、ひったくりのできそうな人がいないか探す。

⑤ちょうどいい人たちが駅から出てきた。二人で話し合って「あの人がいい」と決め、車で尾行する。

⑥やがて車を停車させ、今度は歩きで尾行する。

⑦まだ尾行している。

⑧二人で二人に襲いかかる。

⑨走って逃げる。後輩が通行人に取り押さえられる。自分はそれを横目に逃げる。

あてなく車を走り続けたり、被害者を尾行しつづけるあたりに、ヨウイチの獲物狙いの緊張感が伝わってくるようである。昔の子どもたちのカブトムシ採りの心境に似ている部分もあるし、やはり悪いことをして逃げ去る場面には、柿泥棒のような野荒らしの情景にも重なるものがある。最近でいえば「ポケット・モンスター」に代表されるような、獲得を中心としたロールプレイ式のコンピューター・ゲームにも通じるものがありそうである。

図11はハルキの描いたものである。彼の話は左上から横に流れている。

① 友達と二人で無為に過ごしている。ひったくりでもしようかと迷っている。

② バイクでひったくりを行う。

③ ひったくりで奪ったバッグの中身を出し、いくらあるかを調べている。

図10

④友達と金を分け合う。
⑤その金を持ってゲームセンターで遊ぶ。
⑥バイクで暴走を楽しむ。
⑦恋人と会う。
⑧恋人とセックスする。
⑨友達と二人でシンナーを吸う。

ハルキの場合、あまり緊張感はない。遊びのひとつとしてひったくりがあり、その他にも暴走やシンナー、恋人といった遊びがつぎつぎに登場する。これは、チャンネルを切り替えながら何かおもしろそうなテレビ番組を探すような感じもあり、また先のコンピューター・ゲームでいえば、ゲーム画面がつぎつぎと切り替わるようでもある。気になるのは最終コマの二人の無為な時間の過ごしかたが、そのまま第一コマに戻っていくようで、ハルキの無為な遊興生活は永遠に循環していくようである。

図11

――誰とでもできる容易さ

さきの〝鈍感になる子供たち〟でひったくり非行の特徴のひとつとして、被害者と接触しながらも被害者の顔も見えず、被害者の痛みに鈍感になりがちであることを指摘した。だからスリルや遊びを求めやすいのだと。ここではその続きを考えてみたい。

獲得というスリルや自己効力感を味わう遊びは、やがて、いっしょに遊ぶ仲間との連帯感や一体感を味わう場として成長していく。秘密を共有する関係、競い合う関係、いっしょに協力し合い、助け合う関係、技術を教え合い、いっしょに成し遂げる関係。ふつうの遊びが、集団遊びに向かって、いつしか原初的なスリルから人間関係の味わいに魅力の力点が移動するように、ひったくり非行もまた単独で行うことは少なく、集団を組み、さまざまな人間関係を内包しながら反復されていく。「はまった」と表現する少年がいるほど、その魅力は得難いものになっていく。あの「ポケモン」でさえ、獲物は通信機能を使って仲間と交換しなければならないように仕組まれている。「ポケモン仲間」が必要不可欠に出来ていくのである。

それならばひったくりでなくとも、集団で行う非行であればどれも同じということになるのだろうか。

それは違う。ひったくり非行には、他の集団非行と異なり、じつに曖昧で多様な集団を組めるという特徴がある。言葉を換えれば、「誰でもが始められる容易さ」があるともいえる。

たとえば、ひったくり集団は数人でも大勢でも成り立つし、無手勝流でも技巧派でも成り立つ。突然集まった烏合の衆でも、リーダーが存在してもしなくても、熟達者がいてもいなくてもかまわない。もちろんリーダーがいて組織的に動いてもそれなりの甲斐がある。またひったくり仲間が増えたり減ったり、部分参加したりといったことも気軽に行なわれる。実行時の乗り物も、車でもバイクでも自転車でも実行可能であるし、たとえ乗り物がなくとも自分の足だけでもできてしまう。地元の熟知した裏道で行うのも逃げるのに便利であるし、見知らぬ土地で行うのも顔が割れないので便利である。

こうした多様性は、従来の対人型の非行と比べると際立っている。

凝集性の高い仲間集団に所属していなくても、それぞれの対人資源に応じて思い立ったら始められるのである。

そして、ひったくりの行為のもとでは、仲間と共同し、競争し、助け合い、助言し、学習するし、獲得物いかんで共に歓喜し、失望するという濃縮した交遊の体験をもつことができるのである。したがって、ひったくりという行為を介して仲間関係をいかようにも作っていけるという魅力があるのである。

――大阪での流行、全国での流行

それでは、大阪でひったくりが頻繁に行われ、ここ数年でみるとひったくりが全国に広がっている現象はどう考えればいいのであろうか。

前の〝面接室の子供たち〟で扱ったように、彼らは仲間世界を中心に自分たちの物差しをつくっていくので、口コミ情報による影響が大きい。一度ひったくり話が流布されると、非行予備軍や非行現役軍にすぐに届いてしまう。かつての大阪には、口コミ情報の活発な伝達力がみられた。しかしこの数年の全国の若者を取り巻く環境を見てみると、口コミに代わる「携帯電話」の情報交換が全盛を迎えている。そしてその「携帯」人口は急速に低年齢化を果たし、いまやひったくりの話も、それほど親しくない人物から得々と流されることになった。その結果「みんながやっている」「やれば成功する」「やるとおもしろい」といったイメージが流通することになっている。

またこれに関連して、ひったくり行為の単純さが拍車をかけている。他の非行手口は実際に身近な人の手口を見て習わないとなかなか実行しにくい事情があるが、ひったくりについてはそうではない。被害者を選ぶ駆け引きやパトカーから逃れる技術はあるのかもしれないが、ひったくり行為じたいは、相互作用もない単純行為なのである。見よう見まねでなく、聞きよう聞きまねで充分に自分も実行することが可能なのである。

加えて、先に大阪の非行集団の特色として、現在もそうであるが、管理的な大集団を嫌い凝集性が弱いので、思いのままに集団をつくれる「ひったくり」は格好の集団非行であったと指摘した。ところが最近の若者一般で考えてみると、その仲間関係が急速に希薄化しつつある。先の携帯電話による口コミ情報の普及といったことも、仲間関係の希薄化と表裏の関係といえる。非行の入口にある若者であれば、多くは既存の非行集団に接近し、所属するようになる。そこには集団としてのルールがあり、上下関係や力関係が存在し、新たな集団適応を迫られる。

ひったくりに向かう若者たちを見ると、いわば「不良交遊」からの脱落型であると思われる。一人では寂しい、大勢では煩わしい、既存非行集団にはついていけない、そういった感覚で、いつでもどこでも誰とでもそこそこに関わっていける不良集団であるひったくり非行に流れているのである。親しいからいっしょに悪いことをやる場合もあろうが、それほど親しくないから「ひったくり」をやったり、「ひったくり」をやりながら親しくなっていったりするのである。

ひったくりの激増。それは仲間とのふれあいを求める、それも性急に自暴的に求めてしまう現代若者の姿を表わしている現象なのかもしれない。

――カジュアル覚せい剤、カジュアル強盗

ここまできて、「ひったくりの系譜」のようなものが頭に浮かんできた。

ちょうど平成六、七年頃から、少年非行の形態や動機が急速に変わりはじめた。当時私は少年鑑別所に勤務しながら、その変化にずいぶんと戸惑った。まず薬物非行が変わった。覚せい剤の使用がそれまでの注射によるものから「あぶり吸引」型に一気に変わったのだった。これはアルミホイルの上に粉を置き、下からライターなどで加熱するもので、フェイス・ツウ・フェイスで会話をしながら使用でき、注射痕跡もなく薬理効果も弱いカジュアルな形態であった。入手も暴力団員からでなく電話を使っての外国人からとなった。利用者たちも従来の非行性の進んだ人物から、補導歴もないような、

非行の入口にいる若者に変わったのだった。薬物を介在させながら、ハイな気分でしゃべりつづけ連帯感を求めようとする若者の文化が、従来の薬物非行を蹂躙した感があった。

同じ時期、もうひとつの大変化があった。それは強盗事犯の変貌である。覚せい剤と同じで、強盗といえば、やはり悪質であり、実行者は非行性がかなり進んだ者たちであった。しかしこのころから事情は一変した。補導歴もないような高校生やその年代の若者たちが突然、物騒な事件を起こしはじめたのである。動機も、憂さ晴らしや遊び気分で同調して強盗に及ぶことが目立っていた。これも覚せい剤の変化と似ている。強盗の技術もあまり重要でなくなり、ノックアウト強盗のように、非行文化になじんでいないために粗暴性が高まるような皮肉な現象も生じた。テレビ・ニュースをヒントに無手勝流に実行に移すような者も現れた。思春期の無力感や疎外感を抱えながらもそれを処理しきれない青年層の暴発とも解することができた。

そして、ひったくりが二年ほど遅れて激増しはじめた。薬物でも、強盗でもない、財産犯罪である。しかしカジュアルな覚せい剤のような連帯感を味わえ、カジュアルな強盗事犯のような感情発散も味わえ、さらには、単純な思いつきで仲間とつるみ合っていく格好の手段として、より低年齢層を中心に新たな動きを見せているのである。

ヨウイチは自分の九分割描画を説明しながら、こう言った、『ひったくったときのスリルが魅力だったのかもしれない』。

やっぱり「野荒らし」みたいだな、と私は内心で思う。

彼には親しいと呼べるような仲間はいなかった。悪い遊びをするにしても、あまり親しい仲間がいるわけではなかった。そもそもひったくりを始めたときも、身近な不良者の誘いや自慢話がきっかけだったわけではない、『ニュースや新聞を見て「今日これだけの被害があった」とかいうのを知って、遊ぶ金がなくなって、それなら自分もやってみようかと思ったんです』。

Stage 4.

立ち直りに向けて

ひったくりの背後には家族がある。

ひったくりをする少年たちの家族は、そうした事態をどう受け止め、どう対処してきたのであろうか。親の指導領域から急速に離れつつあるわが子に向かって、なにができたのであろうか。また当の少年は、そうした親たちのはたらきかけにどう反応するのだろうか。

そして、専門家と呼ばれる人たちの指導やはたらきかけは、どのような観点から行われ、家族の問題をどう扱っているのだろうか。

Scene 1

きずな

――私の子、連れていかないで

『刑事さん、ここでなんとかならんの。私の子やから、連れていかんといて』、高校二年のヤスシ（十七歳・仮名）がひったくり容疑で逮捕されたのは平成十年秋のことだ。

母親のアキコさん（仮名）は、ヤスシを連れて行こうとする刑事にしがみついた。それでも外に出ようとする刑事の服に、アキコさんの指が食い込んだ。四十歳代半ばのアキコさんは、刑事と息子の目も気にせず取り乱して、泣き崩れた。刑事は母親の前で逮捕するのをためらい、自宅を出てからヤスシに手錠をかけた。刑事もアキコさんの姿には涙を誘われた。

ヤスシはいま、落ち着きを取り戻し、高校へも毎日通っている。刑事は『母親の取り乱した姿がヤスシの脳裏に焼きついているはずだ』と言う。ヤスシも『悪い仲間と遊ばなければよかった。ひったくりも暴走も、もう懲りた』と反省の言葉を口にするようになった。『警察には、よくぞヤスシを逮捕してくれたと感謝している。あのまま放っておけば、もっと悪いことをしていたにちがいない』とアキコさんは語りだした。

ヤスシは高校進学後しばらくして、朝帰りを繰り返すようになった。誰といっしょにいるのか見当もつかなかった。ヤスシは次第にアキコさんと口をきかなくなり、朝帰りを注意しても『うるさいな、オカン。わかってるから、もう言わんといて』と、ぶっきらぼうに言葉を返すだけだった。

アキコさんはパート勤めをしながら、会社員の夫とともに、ヤスシら三人の子どもを育てた。『一生懸命働いて、子育ても間違っていたとは思いませんが、すこし子どもには甘かったかもしれません』とアキコさんは言う。

ヤスシの喫煙を見つけたとき、アキコさんは『外で吸うなら、家で吸って』と灰皿を渡した。『他人のモノには絶対、手を出すな』としつけたものの、「買ってやらなければ、盗むかもしれない」と不安で、欲しがる物はけっこう何でも買い与えた。そうしたことが、いまになって思い起こされるのだ。父親も子どもには甘く、ヤスシの帰りが遅くても『夜でも遊びたいときはあるやろ』と大目にみていた。

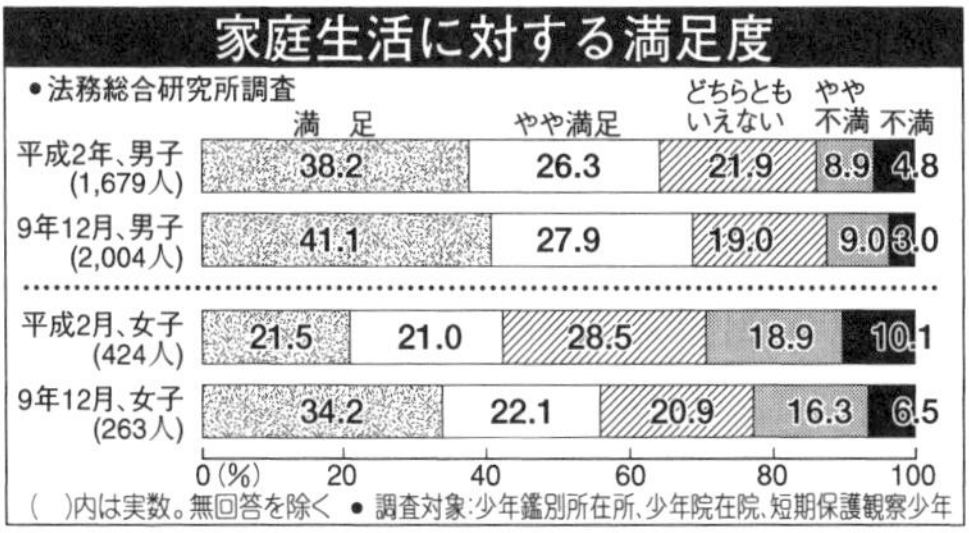

ヤスシが逮捕される数日前、自宅によく遊びに来ていた少年がひったくりをして警察に捕まった。父親は心配になって『おまえは、やってへんやろうな』と念を押した。『ぜったいしてない。信じてくれ』という息子の言葉に、父親は『ひったくりなんて、人間として最低のことやから、そこまであいつも腐ってないやろ』と思い、それ以上問い詰めなかった。

しかし、その言葉にあっさり裏切られ、ヤスシは逮捕されたのだった。

アキコさんは面会のため警察署に出かけた。いったいこの子は何をしたのか？　ひったくりは何回ぐらいやったのか？　聞きたいことは山ほどあった。だが、息子に不利なことになってはいけないと、なにも聞けなかった。着替えさえも、「ひったくった金で買った服では」との疑念が湧いて、怖くて持って行けなかった。

しかし夜は、パトカーや救急車のサイレンが聞こえても「息子とは関係ない」と思え、ぐっすり眠れた。アキコさんは親の心境についてこう語る、『「うちの子に限って」というセリフはよく聴きますが、きっとどの親もそう思っている。子どもが茶髪にしたり、煙草を吸ったりしても、芯はしっかりしていると信じているものです。ひったくりをしてしまったのは、結局あの子自身の問題。でも、大人が見せているスキが、子どもたちをひったくりに駆り立てているような気もするのです』。

——盗品の弁償に追われ

『勉強はできなくてもいい。だけど「人に迷惑をかけるな」「自分にされて嫌なことは人にするな」と育ててきたというのに』……四十歳代前半のショウコさん（仮名）は、長男のタロウ（十四歳・仮名）が犯したひったくりやバイク盗の弁償に追われた日々を振り返りはじめた。ショウコさんが弁償に費やした金は約八十万円。『被害者への弁償の繰り返しで、働いても働いても、お金が息子の悪事に消えていきました』と言う。

ショウコさんは夫といっしょにスポーツ用品店を始めたが、タロウが生まれてまもなく離婚。それ以来、店を一人で切り回し、長女とタロウを育てた。長女は下宿生活をしているので、ショウコさんはいま、タロウと二人で暮らしている。

タロウの非行が始まったのは、中学生になってからだ。不良グループと付き合いだし、盗んだ金をグループのリーダーに貢がされているようだった。

警察からの呼び出し、被害者への謝罪と弁償の繰り返しが続いたある夜、ショウコさんは「私の育てかたが悪かった。いっそ息子を殺してしまおう……」と包丁をつかみ、寝ているタロウの前で立ち尽くしたこともあるという。


タロウのひったくりがわかったのは平成十年秋のことだ。

それまでにもバイク盗などで警察から電話がかかってくることはあったが、『お母さん、今度は大きなことなんで、ちょっと署まで来てください』と呼び出された。当時十三歳だったタロウが、現金十五万円入りのカバンを中年女性からひったくった容疑で補導されたのだ。

ショウコさんは警察でタロウを引き取り、謝罪のため被害女性の職場を訪れた。驚いたことにその女性は、ショウコさんを励ますように言った、『子どもを育ててるあいだは大変ですよね。私も子どもを育てましたから』。それから女性は、事件の日どれだけ困ったかをとうとうと話した。誰かに連絡しようとしたが、公衆電話をかける十円玉さえなかったこと、電車の定期もいっしょにとられたので、警察でお金を借りて帰宅したこと、カギがなくて家に入るのに四苦八苦したこと。

ショウコさんは胸が痛くなり、帰り道、タロウに事の重大さを何度も言って聞かせた。『わかった、わかった。謝ったからええやろ。もうせえへんから』、そう言うタロウに反省の色は見られなかった。

その後もタロウの非行はおさまらず、十四歳になってすぐ、バイクの無免許運転で警察に現行犯逮捕された。このときショウコさんに面接した家庭裁判所調査官はこう諭した、『三歳の子どもやと思って、育ててください』。この言葉がショウコさんの心を強く打った。

離婚後、女手ひとつで店を経営し、二人の子どもを育てる苦労は並大抵ではなかった。タロウは生後十カ月で保育所に預けた。店をなんとか軌道に乗せようと働き詰めで、子どもが家に帰ってきても充分にかまってやれなかった。「ゆっくり話を聞いてやる機会が少なかったのではないだろうか」という思いが胸のなかを駆け巡った。

『だからいま、息子が三歳の子どもだと思って、なんでも一つひとつ言い聞かせています。それが親子のコミュニケーションになっているんです』とショウコさんは、自分の言葉をかみしめるように話した。

タロウはいまになって被害弁償の大変さに気づいたのだろうか、『お母さん、新聞配達でもしてお金を返すよ』と口にするようになったという。

——いっしょに死のう

『あんたも楽になりたいでしょう。お母さんといっしょに死ぬ?』、四十歳代後半になったミサコさん(仮名)は粘着テープを手にしながら、もう横になっていた中学一年の長男、マサヤ（仮名）に話しかけた。秋の夜だった。粘着テープはマサヤの顔に巻き付けるつもりだった。

深夜のうろつき、喫煙、バイク盗……マサヤが繰り返す非行に打つ手をなくしたミサコさんは、十三歳のわが子を道連れに死のうと心底思ったという。

マサヤは幼さが残る顔で、あっさりこう答えた、『母さん、それなら寝てからにしてくれる』。息子の投げやりな言葉にその場は思いとどまったものの、ミサコさんはそのあと何度もマサヤといっしょに死のうと思い、台所の包丁を握り締めたことさえあった。それほどミサコさんは追い詰められていた。夜、パトカーや救急車のサイレンが聞こえると、すぐに目が覚めた。「マサヤがまた何かしたのではないか」と胸が騒いだのだ。

ミサコさんの夫は飲食店の店長、ミサコさん自身も看護婦として働きながら、いまは社会人になっている長女とマサヤの二人を育てた。スーツ姿がよく似合う、芯の強そうな女性だ。そんなミサコさんがマサヤのことになると終始、涙ぐみながら話しつづけた。マサヤの行動を最初に不審に思ったのは、中一の夏休み。その日は夏祭りの夜だった。『今日、友達の家に泊まってええか』とマサヤから電話がかかってきた。夫は『アカン。帰って来い』とたしなめたが、どうしてもと言って聞かないマサヤに最後は根負けするかたちで外泊を認めてしまった。しかしマサヤが告げた友達の家の電話番号はでたらめだった。

それからというもの、マサヤは夜になると外出し、朝方、家に戻ってくるようになった。学校も無断欠席するようになった。

ミサコさんは仕事を休んで、マサヤの姿を求めて夜の街を自転車でさまよった。だがミサコさんの心配をよそに、マサヤは自転車やミニバイクを盗んでは補導され、警察から自宅に電話がかかる日が続いた。

子どもには甘かった夫も、マサヤの非行が進むにつれ、殴りつけたり、外出させないように縛りつけるなど厳しくなった。マサヤは父親の前では泣いて謝った。仲間から逃げ出して家に帰ってきたこともある。しかし、マサヤの乱れた生活は元には戻らなかった。

中二の三学期、マサヤはまた警察に呼び出された。ミニバイクに乗ってお年寄りからカバンを奪った容疑だった。中三になってマサヤは、児童自立支援施設に入所した。「このまま非行が改まらなかったら、息子の一生にかかわる」と思ったミサコさんが、子ども家庭センターの勧めで決めていたことだった。

施設でマサヤはみるみる変わっていった。規則正しい生活のなかで、わがままが消え、言葉遣いも良くなった。施設の陸上大会ではメダルももらった。「いまは家族と離れて寂しいけど、とにかく頑張る。父さん、母さん、体に気をつけて。姉ちゃんも仕事がんばって」、マサヤが両親と姉に初めて書いた手紙を、ミサコさんはマサヤの写真といっしょにお守りにして持ち歩いていた。

そんなある日、ミサコさんに事件が起きた。「子どもの将来のために」と郵便局に現金四十一万円を預けに行く途中、自転車の前カゴに入れていたカバンをミニバイクの男にひったくられた。カバンにはマサヤの手紙や写真も入っていた。

面会の日、マサヤはミサコさんの前で肩を落とした、『オレがこんなことしてたから、母さんに返ってきたんやなあ。悔しいなあ、腹立つなあ。今度はオレが楽させたるからな。まえの友達とはもう遊ばへん』。施設のなかでマサヤは、非行などで収容された小学生を見て『オレも、もっと早くここに来ていればよかった』とミサコさんに打ち明けた。そして「将来、保育所の保父になりたい」と、苦手だった勉強も頑張りだした。

この正月、一時帰宅したマサヤに、何十人という近所の友達が「がんばれ」と寄せ書きをしてくれた。それを受け取り、家族全員で涙を流した。

『仕事のために小さいときから保育所へ預けてカギっ子にしたことや、私が子どもをなんでも型にはめ込もうとする性格なので、すぐよその子と比較して口うるさく叱ったことがいけなかったのでしょうか。自分がそう育てられたから、そうはすまいと思っていたのに、結局、同じ事をしていた。やはり親の責任です』と、ミサコさんは振り返る。マサヤは府立高校に合格。進学する十五の春に、わが家に戻ってくる。

Scene 2

専門家の働きかけ

——初めて知った母の愛

ひったくりを繰り返し、大阪府警に窃盗容疑で逮捕されたテツヤ（十八歳・仮名）は、取り調べにあたっていた女性捜査員になかなか心を開こうとしなかった。容疑を突きつけられても『そうです。はい、やりました』、まるで他人事のようにぶっきらぼうに答えるだけで、それ以上のことはほとんど話さない。

数日後、テツヤに面会するため警察署へやって来た母親は、声をあげて泣きながら捜査員に訴えた、『原因はわたしら夫婦にあるんです。わたしの責任です』。母親が打ち明けた話のなかに、テツヤの心を解きほぐす鍵が隠されていた。

テツヤが小学校の高学年に進んだころ、夫婦仲が冷え、喧嘩が絶えなくなった。母親が食事を作っても父親は口にせず、やがて母親も食事の支度をしなくなった。父親は外食を繰り返し、夫婦間の会話は途絶えたという。平成九年の十一月、母親はついに娘と弟のテツヤを連れて隣町に飛び出した。友達と離れたくなかったテツヤは『別居はいやだ』と抵抗したが、母親には家を出る以外に道はなかった。

だが、そんな母親にテツヤは反抗し、パチンコ店やゲームセンターに入り浸った。注意しても『やかましい』と耳を貸そうとしなかった。別居を強行した母親はテツヤに負い目を感じ、きちんと叱ることができなかったのだ。『こんな家はいやだ。はやく彼女と結婚して明るい家庭をつくりたい』、半年後の高校三年の夏、テツヤは学校をやめた。

そんなとき、ゲームセンターで知り合った遊び仲間が、仕事もしていないのに財布に札束を持っているのを見つけた、『どないしたんや、そんなようけの金』『ひったくりや。ぜったいに大丈夫、捕まらへん。おまえ、バイクの運転できるやろ。ちょっと「仕事」に行こか。ワシがとったるわ』。

泥沼にでもはまり込むように、テツヤはグループでひったくりを繰り返すようになり、しばらくして仲間とともに府警に逮捕された。

女性捜査員は母親に『テツヤ君を立ち直らせるために、どうして父親と別居したのか、隠さずに話してほしい』と語りかけた。

別居を決意したのは、じつはテツヤを思ってのことだった。テツヤの修学旅行用にと母親が買ってきた新しい服を見て、父親は『なんで、そんないらん物を買った』と母親を責め立てた。『子どものためなのに、と思うと、我慢してきた不満が一気に爆発しました。あの子にはそのことは話していません』、こう打ち明けた母親に、捜査員は『すべてをテツヤ君に言ってあげましょう。彼はもう十八歳です』と話し、取り調べの際に別居の真相をテツヤに伝えた。

『母さんのことがやっと理解できました。自分のことを心配してくれてるんだと、初めてわかりました』、母親の愛情を知って、テツヤは涙を流した。

少年鑑別所に送られたテツヤからその後、取り調べにあたった女性捜査員のもとに手紙が届いた、「逮捕されて、母さんの気持を知り、自分が間違っていたことがわかりました。刑事さんに母さんの思いを教えられて、すっきりしました。家裁の審判が終わって外へ出られたら、お礼に行っていいでしょうか」。

テツヤはいま保護観察中。母親との会話を取り戻し、大工の仕事に励んでいるという。

一週間、自分を「内観」

お父さん、お母さんが自分に何をしてくれたのか、自分は両親に何をしてあげたのか……。外部からの刺激を遠ざけた部屋で、生まれ育った環境や家族とのかかわりを一つひとつ思い起こし、自分を見つめ直す。

大阪府阪南市にある初等・中等少年院「和泉学園」は、この〈内観〉を積極的に取り入れている。内観は原則的に、学園に入所したばかりの少年を対象に約一週間かけて行われる。三畳ほどの個室でカーテンを閉め切り、少年にアイマスクと耳栓を付けてもらう。雑念を取り除き、精神を集中させるためだ。

光と音とが消えた世界で少年は、小学校に入学する前、小学低学年、そして高学年、中学、高校と三年ごとに期間を区切り、思い出したことを「内観の記録」として書き留める。

ある少年はこう記した、「お母さんは中学校の入学式や卒業式に出席してくれた」「クラブ活動で使うバレーボールシューズを買ってくれた」。……非行に走って学校から呼び出されて泣いた母、罪を犯し、バイク事故を起こして悲しませてしまったことなどを思い出した。逆に、母にしてあげたことといえば、働いた給料でケーキを買ってあげたり、食事を作ってあげたこと。「母にしてあげたことよりも、母にしてもらったり、迷惑をかけたりしたことのほうが明らかに多かった。迷惑ばかりかけてすみませんでした」と少年は綴っている。

教官の一人は『両親について真剣に考えることは、自分を知ることにつながる。人との関わりのなかで何を考え、何をしてきたのかがわかる。すると自然に、罪に対する反省の心も湧いてくるんです』と話す。

しかし、内観の途中で居眠ったり、言葉だけの反省を書いたりする少年もいるという。

お年寄りの女性からカバンをひったくったとして同園に収容されたヨウジ（十八歳・仮名）の場合、初めは内観の記録をなにひとつ書き出せなかった。両親からしてもらったことが思い当たらないのだ。「なにひとつ、してもらったことなんてない」と、ヨウジは頑なに心を閉ざしていた。幼いころより両親から受けていた体罰が、どうしても許せなかった。父親は無口だったが、母親は逆に口うるさいタイプ。両親について思い返すと、つらかった体罰のことばかりが脳裏に浮かぶのだった。

それでも、ようやく一つだけ心に受け止められることがあった。それは「自分を産み、育ててくれた」という揺るぎない事実。「自分のことを本気で考えていてくれたからこそ、両親は自分を叩いたのかもしれない。僕も悪いことをしていたし」……初めて感謝の気持が芽生えたとき、ヨウジは体がすこし軽くなった気がした。

母親より体が大きくなった中学生のころ、それまで受けた体罰の「仕返し」のように、家庭で暴力をふるった。母親を殴って骨折させたこともある。親もつらかったやろうなあと、すこしは親の立場から考えられるようになったそのとき、被害者への思いも湧いてきた。「ひったくりは、自分さえよければいいと思ってしたこと。相手は怖かっただろうなと思います。ほんとうに申し訳ない。これまで迷惑をかけてしまった人たちのためにも、きちんとした目標をもって生きていきたい。」

ヨウジのこれからが始まろうとしている。

——心の壁つくる少年

滋賀県境に近い、五雲峰と呼ばれる小高い山の上には、澄み切った青空が広がっていた。その麓にある宇治少年院（京都府宇治市）の中庭で、ミチオ（十七歳・仮名）はベンチに腰を下ろし、静かな口調で担当教官に話しはじめた。

『ひったくりとか犯罪を重ねたのは、ぼくの勝手な考えからしたことでした。後悔しています。厳しいお父さんとの親子関係にすこし悩みがあります』、教官は、しっかりとミチオの目を見据えながら、その一言ひとことにうなずいた。ミチオは銀行から出てきた女性を自転車で尾行してバッグをひったくるなどの犯罪を約一〇件繰り返し、昨年六月に少年院に収容されたのだという。

ミチオは、両親と弟二人の五人家族。幼いころから何かにつけて厳格な父親の存在が、重くのしかかっているように感じられてしかたがなかった。家にいたくないという一心から家出もした。中学卒業後は「手に職をつけて家から離れよう」と、飲食店で板前の修業もしたが、長くは続かなかった。

ミチオは、家庭裁判所で開かれた審判で少年院送致を告げられた瞬間、頭のなかが真っ白になった。「この先、どうすればいいのだろう」という恐怖感に襲われた。

少年院に収容されてから、父親から手紙が届いた。励ましの言葉が書かれていた。厳父の優しい一面に初めて触れた気がした。少年院のなかで、複雑な家庭問題をかかえる少年が多くいることも知った。「ぜいたく言ってたらだめだな。自分に与えられた環境で精一杯がんばってみよう」と、ミチオはようやく思えるようになったという。


初等・中等少年院の宇治少年院には、十四歳から十八歳までの約一二〇人が収容されている。このうち、ひったくりをしたことがある少年は約三〇人という。

施設の扉や廊下の出入口はしっかりと施錠され、職員が鍵を開けないかぎり自由に出入りはできない。しかし、所々に設置されたフェンスと錠のほかは、閉鎖的な雰囲気は感じられない。少年たちはテレビなどを通じて、一般の社会生活を知ることもできる。少年院収容の目的が、懲罰ではなく、社会生活に適応させるための遵法精神を培う「矯正教育」を実施することにあるからだ。

宇治少年院の職員は約四〇人。このうち寮や教科などの担当教官約三〇人が、四六時中、少年と接している。個別面接も必要に応じて行われ、教官は少年たちの心の動きまでつぶさにとらえている。

院内の集団生活になじめず問題を起こしたり、やる気を持てずに無気力に見えたり……、少年たちはそれぞれに問題を深く抱えて、心に高い壁を築いている。同少年院の次長は『人間関係のもち方が下手な少年が多い。社会という世界のなかで、どうやって人とつながっていけばよいのかを知らないんです』と話す。

ミチオは教官の面接を受けるとき、背筋をピンと伸ばし、言葉を選びながら丁寧な口調で話しつづけた。自分の考えをうまくまとめ、差し障りのない表現で話す力にも長けているようにみえる。

教官は厳しく、そして優しくミチオに助言した。『文章を書いても、父親の良い部分ばかりを書いているね。ほんとうは怖いんじゃないか？　父親に対する感情をため込み、非行に走ることで発散させていたんじゃないかな』。出院して家に戻れば、ミチオはまた厳しい父親と向き合わなければならない。教官は『現実を見据えて、これからはもっともっと真正面から父親にぶつかっていったほうがいいと思うよ。やるべきことはきちんとやったうえで、自分の思いを、逃げずに父親に話してごらん』と話しかけた。

出院していってからの少年たちの消息は、「元気にがんばっています」という手紙が届くか、ふたたび罪を犯して逮捕されるかしないかぎり、なかなかつかめないのが実情だという。連日、施設のなかで少年たちとかかわりつづける教官たちはこう話す、『ここでの生活を社会復帰にどれだけ生かせているのかは、出院後の消息を直接把握することができない私たちにはわかりません。少年たちを信じてやるしかないのです』。

少年院は、罪を犯し、家庭裁判所から保護処分として送致された少年に対して「矯正教育」を行う。全国に計五三（うち女子少年院は九）あり、少年院法によって、次のように種類や収容対象者が定められている。①初等少年院＝十四歳以上おおむね十六歳未満、②中等少年院＝おおむね十六歳以上二十歳未満、③特別少年院＝犯罪傾向の進んだおおむね十六歳以上二十三歳未満、④医療少年院＝心身に著しい故障のある十四歳以上二十六歳未満。収容期間は、非行の進み具合に応じて、六カ月以内の一般短期処遇と四ヵ月以内の特修短期処遇、二年以内（ただし必要な場合は特に定める期間）の長期処遇がある。法務省によると、新規収容者数はここ数年増加傾向にあり、平成九年は四九八九人（前年比七八一人増）。

Scene 3

地域社会のなかで

――「はみだす力」を導く

『ハイっ！　いち、にー、いち、にー』、大阪府警少年課警部補・助中伸理さん（三十七歳）の手拍子に合わせながら、少年たちが一心にドラムを打ち鳴らし、ギターの弦を弾く。堺少年補導センター（大阪府堺市）では、問題行動の目立つ中学生がロックバンドを結成し、練習に取り組んでいる。楽器に向かう少年たちの表情は真剣そのものだ。

堺ロックバンド塾とよばれるこのバンドは、センターの主催で平成九年から始まった。謳い文句は「はみだす力にロックだ」。家出やシンナー、喫煙、ケンカ、不登校……はみだす力を良い方向にむけ、少年たちに「なにか目標をもたせる」のが狙いだ。堺市役所分館五階のプラネタリウム室を改造した即席スタジオで、総勢約三〇人の塾生が連日のようにビートを響かせる。

府内一〇箇所の少年補導センターでは、岸和田少年補導センターの「太鼓塾」など、少年の健全育成を支援するさまざまな取り組みがスタートしている。

『楽器弾いとったら、おもくそ（とても）楽しいで』、茶髪の少年が声を弾ませた。ほとんどの少年は中学校の教師らに勧められ「塾」に通っているが、『ロックバントなんて、めっちゃカッコエエやん。あこがれとったから参加した』と言う。練習は一人あたりおおむね週一回、学校が終わってから夕方まで約二時間練習する。

中学三年のタカシ（十四歳・仮名）は昨年からロックバンド塾に参加している。中学二年の夏休み頃から学校をさぼる回数が増え、ミニバイクを盗んだりシンナーを吸うなどの問題行動が目立つようになった。『音楽を聴くのが趣味やし、友達も行ってるから参加した。なにより暇やしな』という軽い気持でタカシの「塾」通いが始まった。バンドでの担当はギター。それまで触ったこともなかったが、音を奏でると『スカッとした』。

メンバーは、ギターのタカシを入れてキーボード、ドラム、ボーカルなど計六人。練習を通じてチームワークの大切さも学んだ。最初から最後まで演奏できる曲はまだないが、腕は確実に上がっている。『最初はうまく弾けへんかってん。そういうときはイライラするけど、うまくいくとすごく嬉しいし、感動する。「がんばればそれだけ報われるんや」って』。

タカシはすこしずつだが、学校へ通うようになった。高校に進学して資格を取り、バイクの整備士を目指すつもりだという。

バンドの指導にあたる助中さんはこう語る、『非行に走る少年たちは、エネルギーが有り余っている。そのエネルギーを向ける目標を与えてやりさえすれば、「やればできるんだ」ということが学べるはずです』。最初はふてくされて挨拶もしない少年が、音楽をきっかけに心を開くことがある。『警察官というと「怖い」とか「怒られる」という思いが強い。少年を叱るばかりではなく、じっくりと話を聴き、とことん待ってやることが大切なんです』

と助中さん。

ロックバンド塾のメンバーのなかには、立ち直りの兆しが見えてこない少年もいる。少年を取り巻く家庭や地域・学校などの環境は、大人が考えている以上に複雑なことが多いのだ。

大阪府警によると、府内で平成十年に、喫煙や深夜徘徊などの不良行為で補導された少年は約十三万人。深夜の繁華街には今日も、少年がさまよっている。『少年非行は社会全体で考えなければいけない問題なんです』と助中さんは強調した。

――対話を通じて「更生」祈り

『うちの子、覚せい剤がやめられないんです。助けてください』『少年院送りになってしまった』……大阪市生野区勝山北のキリスト教会「弟子教会」には連日、非行や犯罪など深刻な問題を抱える子の親たちから相談の電話や手紙が寄せられてくる。なかには突然、教会を訪ねて来る人もいる。どの相談も重く、苦しいものばかりだ。

牧師の金沢泰裕さん（三十五歳）はかつて、大阪で暴力団に所属する組員だった。しかし父親の死をきっかけに、すべての罪を悔い改め、牧師に転身したのだという。

波瀾に満ちた人生が、閉ざされた心の扉を押し開くのだろうか。金沢さんとの対話を通じて「救い」を求める多くの人たちが、希望と勇気を取り戻し、立ち直りのきっかけをつかんできた。シンナーや窃盗、覚せい剤……、日曜日にはさまざまな問題を抱える少年たち自身が、礼拝堂に集うことも多い。『友達に誘われたから』と気軽に参加した少年も、金沢さんの前では自分の罪を悔い改め、神に祈りを捧げる。

『まず、罪を見つめること。それが、更生への第一歩』と金沢さんは話す。

暴走族に入っていた金沢さんは十八歳のとき、暴力団組員になった。覚せい剤の使用や恐喝など、ワルの社会にどっぷりと浸かった青春時代だった。二十三歳で、背中に「龍」の入墨をいれた。

しかし妻と子供もいた金沢さんは、しだいに暴力団の抗争事件に嫌気がさしてきた。「もうやめよう」、二十八歳のとき、過去を捨てるつもりで上京したが、金銭感覚などすべてについて、普通の感覚がマヒした自分との戦いが続いた。仕事は、焼肉屋の皿洗い。働いて働いて、初めてもらった給料は十八万円。『二十八歳にもなって、たったの十八万円や』と、冗談めかしてクリスチャンの父親に報告したが、心から喜んでくれた。

その父が、直後に体調を悪くして倒れた。危篤状態が続く。「なぜ、まじめな人が苦しみ、自分のような親不孝のワルが生き延びるのか。自分の命と引き換えに、父を助けてください」……ひたすら神に祈った。

父親が亡くなる三日前、ある教会へ行き、自分の罪を悟った。心から悔い改めることができたという。

『イエスさまを救い主として受け入れますか?』

『はい』

今年、弟子教会で行われた洗礼式で金沢さんの問いかけに、ユミコ(二十九歳・仮名)は力を込め、精一杯、返事をした。

ユミコは中学時代から、喫煙やバイク暴走、不純異性交友などの問題行動を繰り返した。少年院や刑務所に入ったこともある。しかし二年前、友人とともに教会を訪れ、親身になってくれる金沢さんやほかの信者らと触れ合ううち、ユミコはすこしずつ変わっていった。手首を切る自殺未遂もしたが、「生かされている命」を実感した。

『いちど死んだような人生だから、一から再出発したい』、洗礼式のあとユミコは穏やかに笑った。

教会に寄せられる相談は、日に日に増えている。金沢さんは『クリスチャンという立場から、自分自身が通ってきた道を振り返り、親身になって協力していきたい』と語る。家庭内暴力などで苦しむ親どうしの意見交換の場として、教会内に「親の会」を設立する取り組みも進んでいる。カウンセラーにも参加してもらう予定だという。『補導員とも連携して、地域ぐるみの活動も推進していきたい』と金沢さんは話した。

叱ることが愛情では

――『「あれがしたい」「これがしたい」と自由を主張するまえに、義務と責任を果たしなさい』、大阪府八尾市にある医療機器などのメーカー「三和化研工業」社長、岡田禮一さん（六十三歳）は、少年たちにこう説きつづけている。

同社は、少年院を出院したばかりの少年や保護観察中にある少年を受け入れている。約一五〇人の従業員のうちそうした少年たちは約二〇人。岡田さんは「おやじ代わり」として、精神面だけでなく、住む部屋から衣服までも提供するなど物質面でも支え、第二の人生の出発をサポートしている。

『昔もひったくりなどの少年犯罪はあったが、ほんとうにお腹が空き、食べる物がなくなって、ひったくった。いまでは「簡単にお金が手に入る」というゲーム感覚の犯行に変わっていますね』。苦労して働き、報酬を得るという、ひと昔前まではあたりまえだったはずの感覚がマヒしてきているのではないか……、仕事が長続きしない少年の心理を、岡田さんはこう分析する。

岡田さんは二十四歳で脱サラし、家庭用金物雑貨の製造会社を創業した。医療用品の製造・販売も手がけたが、三十六歳のときに、工場のエレベーター落下事故で右腕を肩から切断した。

事故に遭うまでは、会社の事業を拡大するのに必死だった。業績も着実に伸び、若くしてすべてが順調に運んでいた。そこへ襲ったまさかの事故で、長い入院生活が続いた。奈落の底に落ちていく気がしたが、ゆっくりと自分に向き合う時間をもてた。『右腕を失った悲しい気持もあったんですが、じっと寝ていると、それまで気づかなかった大切なものに気づくことができたんです。わたしには愛する家族がいて、仕事にも恵まれている。なんて幸せなことなんだ、と心から実感できました』。

以来、会社を大きくしようとか社会的地位を得ようなどという気持は薄れていった。長い入院生活で体験した「床ずれ」のつらさをもとに、床ずれ防止マットの開発を思いついた。採算の見込みが立たない商品開発だったものの、「患者さんの痛みをすこしでも和らげたい」と必死で取り組んだ。人を手助けしたいという気持は、いま、少年たちと関わるなかで生かされている。

「絶望を希望に、ピンチをチャンスに」……これが岡田さんの信条だ。少年を受け入れるようになってからもう二十年以上たった。この間、怒りと涙を少年たちと共有するうちに、いまの少年たちは「自由」を主張するあまり、他人に注ぐ純粋な愛情や、人間関係の大切さなど、お金で買えないものを見失ってしまう傾向が強いことに気づいた。

息子から金を巻き上げたり、不倫に走ったり、ただ甘やかすだけだったりする親の存在が目立つ。地域の人や教師が子供を叱ると、「うちの子になんてことをするんだ」と目くじらを立てる親も珍しくない。

『ダメなものはダメと説得力をもって子供に教えられない親の責任は大きい』と岡田さん。同社では「会社は大きな家族」がモットー。その子供たちが悪いことをしたときは、容赦なく叩いて叱る。そのあとに「痛かったか？」と微笑んでやる。『子供たちが大人からもらう真の愛情は、こんなものではないでしょうか』と岡田さんは語った。

ひったくりを卒業するとき

――少年の二つのタイプ

ふたたび、ひったくり少年を集めた少年院でのグループワークの場面である。

タカシは自分のひったくり非行を振り返って、図12のようなコラージュ作品を作ってくれた。「冷たい目」という題名がつけられた。中央の笑顔のアップと花火は、『やった！』というひったくりの達成感を指すのだそうだ。しかしすぐ左にはイラストで、困惑した女性像がある。これは息子が高価な時計や服を持っていたりするので不安になる母親だ。そしてタカシは、大勢から冷たい視線を浴びてしまう。周囲からの承認や受容を絶えず求めるタカシらしい。

図12

タカシは中学校三年からひったくりを始めた。両親が仕事に忙しく、とくにこの時期母親は、年老いた祖母の介護も重なり、余裕がまったくなかった。家庭には会話もなくなり、タカシからすれば耐え難い殺伐とした時間が流れていた。彼は当時を思い出しながら『寂しかった』と幾度も言った。そして、ひったくりを反復し、憂さ晴らしにゲームセンターで遊ぶタカシに、校内の不良グループが接近してきた。半ば脅しを受け、金をとられることが続いた。たまりかねたタカシはついに、母親にひったくりの事実を告げ、母親とともに警察に出頭したが、その後もひったくりをやめることができなかった。母親は忙しい生活のなかでも彼女なりにタカシへの目配せを続けたが、タカシには届かなかった。タカシの寂しさは深まるばかりであった。

ナオトが作ったひったくりイメージは図13のようなものだった。左端は被害女性。その近くにいるのはナオト自身とひったくりの仲間。画面右半分は、仲間とたまっていたり、海に遊びにいったりしているところである。ナオトによれば、ひったくりをする左の仲間とふだん遊ぶ右の仲間は別々の人物だという。

ナオトは高校を中退してからひったくりを始めた。父親は小さな町工場を経営する苦労人であった。彼は小さいころから工場の後継者として期待されていた。学習塾にも通い、自分なりに頑張った時期もあったが、長続きはせず、学業の不振から自棄的になっていった。高校を赤点だらけで早々に退学すると、いったんは父親の町工場に勤めてはみたが、うまくいかない。彼は親の期待に応えたくとも応えられない劣等感と戦っていた。だから些細なことにも過剰に反応してしまう。ひったくりは、地元の暴走族のメンバーらと新たに親しくなる過程で行った。ナオトは、つっぱることで幻想的に自己拡大感を味わうことができたし、まじめな仲間にはできないような不良っぽい遊びをすることで、彼らに優越感を抱くこともできた。

私はひったくりを行う少年たちを素朴に二つに分けることがある。

ひとつは〈甘え型〉である。周囲への甘え、親への甘えがひったくり行為のメッセージとして込められている。自暴自棄になりながら

図13

らも、そうした自分を察してくれることを期待している。SOS信号を彼らなりに発信しているのだ。この場合、周囲の大人の動き方、親の対応の仕方が大きなポイントとなる。甘えたい気持を受け止め「見捨てていない」という大人・親側からの信号を出してやらねばならない。タカシの場合はこの〈甘え型〉である。

本書一三一頁で紹介されているテツヤもこの〈甘え型〉である。女性捜査官がテツヤの「甘え」のSOS信号を、本来の発信先である母親につないだ。だから一気に事態が改善されていったのである。

もうひとつのタイプは〈払拭型〉である。これは、行き詰まった状況のなかで、ひったくりやそこで得た金で遊ぶことで、鬱々とする自分を払拭しようとする。一時的・幻想的ではあっても、無力な自分を忘れ、派手で見栄えのよい自分を味わおうとしているのである。この場合「親の期待に応えたいが応えられない」という無力感や劣等感が存在しており、周囲の大人や親が、現実路線で進路などの目標の修正や代替を考えてやる必要がある。またやっかいなことには、親の期待が弱まっても、本人自身が目標を下げられなかったりするし、親が機械的に期待圧力を弱めても、それがかえって子どもの自尊心を傷つけてしまうこともある。ナオトもほんとうは学業優秀で、親の工場を後継する自慢の子どもになりたかったのである。それが学業面を中心にできないと感じるようになったところから、〈払拭型〉に突き進んでいった。

この〈甘え型〉と〈払拭型〉を比較すると、〈甘え型〉のほうが年齢が低い傾向にあり、初期の手当てが適切であるとすぐに立ち直るように思える。

また本書一三七頁で紹介されているミチオの場合だが、これは〈払拭型〉であるといえよう。ミチオは厳格な父親の期待に沿おうとしてきたはずである。どこか模範生的なしぐさや言動にもそうした余韻が表われている。そこで父親の良い面ばかりを注目し『これからはうまくやっていきます』と彼が言うのは、〈甘え型〉なら解決だが、〈払拭型〉ではそうとはいえない。期待に応えきれない自分をきちんと意識し、それを親に告げたり、あるいは目先の目標を現実的なものに修正していく必要がある。少年院の担当教官が『本当はどうなのか』と話しかけるのは、〈払拭型〉の少年だからこそ不可欠な問いかけとなっている。

それぞれの旅立ち

この二人の実際の、ひったくりからの卒業の軌跡を紹介したい。〈甘え型〉のタカシと〈払拭型〉のナオトの、少年院でのグループワークのその後である。

まずタカシは、早い時期に「幸せな家庭」というコラージュを作り、空想の奥さんに加え、年老いた両親も張り付け、仲良く暮らしているとまとめた。彼の理想である。しかし〈甘え型〉の場合、両親との和解と並んで、けっしてベタベタ受容されたりチヤホヤ特別扱いされるわけではない厳しい現実の生活のなかでも、耐えていけるだけの姿勢が必要となる。

図14はタカシの最後のセッションでの作品である。彼は「自分の

進路」と名付けた。すぐに引越屋の仕事を始めたいので「黒猫」の引越屋のイラストを貼り、落ち着いたら定時制の高校に通いたいので高校生の群を貼り付けたという。黒猫の親子はなにやら彼の今後の母子関係を期待させる。高校生たちの笑顔とVサインは、ひったくりで冷たい視線を送った若者たちの顔と好対照で友好的である。左上のお墓の写真は「少年院を出たら、最近亡くなった親類の墓参りをまずしたい」という気持から貼ったのだそうだが、これまでの自分自身を葬り去るようなニュアンスも多少感じられる。

施設のなかで誰が世話をしてくれた、誰が叱ってくれた、誰が優しくしてくれた、という関心に終始しがちな彼だったが、面会や手紙を通して母親の愛情にも触れ、今後の家族との関係も母親主導で配慮されることとなった。ようやく彼自身が自分で自分の人生を考えはじめた証のような作品であった。タカシは親の愛情にこだわりつづけたが、いまでは目に見えぬ親子の絆を感じ、またみずからも愛情に満ちた新しい人間関係をつくりだすかのような姿勢が芽生えている。もうタカシにはSOS信号を出す必要がなくなっていくのであろう、と感じられた。

図14

ナオトはどうであっただろうか。彼は期待に応えようとする背伸びをグループワークでも見せていた。あるセッションでは、彼は町工場で働いているコラージュを作った。工場は大企業となり、彼はそこの社長としてスーツをびしっと着ていた。どうしてもナオトは現実の世界を直視することができなかった。

図15はナオトの最後のセッションの作品である。「家族といっしょに出かけているところ」という作品題である。家族と外出し、夜景を見たり花火大会を見たりしているようすが右側に貼られている。左下の写真は、その外出の帰りに旅館に泊まりくつろいでいるところである。そして右回りのイメージの流れの最後の写真は、畑仕事をする少年であった、『これは畑仕事をしているところで、自分が仕事をしているところです』。

私は最後のセッションでようやく、エリートでないナオトが出てきたことに胸をなで下ろした。背伸びをしすぎる彼が、かかとをようやく大地におろしたようなコラージュであると思えたのである。ナオトが現実を直視し、過剰な背伸びをしない生き方を始められたならば、もう、法に触れてまで払拭するような必要は生じないのである。

――ひったくり防止に向けて

一口にひったくり非行といってもその実態は多様である。さきに指摘した〈甘え型〉と〈払拭型〉にしても、原因から指導まで、かなり違った展開となる。ひったくり非行の複雑さである。

そうはいっても原則的な事柄でくれるものもある。また当事者や直接の指導者でなくとも、地域社会の一市民として心がけられることもある。

第一に、ひったくりは「遊び」ではすまされない、という事実を伝えることである。

金銭的なダメージはさまざまに波及していくし、ひったくられた際に転倒するなどして怪我の後遺症に苦しむ人もいる。また被害者の心の傷についてては、ひったくり少年のほとんどが知らない。被害

図15

者の恐怖心が持続すること。物音にも敏感になり、日常生活でリラックスできなくなってしまう人もいること。被害者なのにもしかしたら自分に問題があったのではないかと自責の念に苦しむ人もいること。こうしたことを彼らに伝え、また予備軍にも伝えていく必要がある。

第二に、ひったくりは成功するものだ、というイメージを修正するべきである。

防止と逮捕に向けた捜査機関の熱心な取り組みを紹介し、ひったくりの犯罪性を伝え、あわせて、ひったくり事件により捕まり司法機関の世話になり、また施設送致になった少年たちを紹介することで、ひったくりへの社会的制裁の大きさと、施設で本人自身がことの重大さを悟った心情を伝えることが必要である。

第三に、周囲の人と健全な方法で触れ合える体験を促すことである。

地域社会に根ざした青少年活動を促したり、さまざまな行事やイベントの支援を通して健全な交遊の機会を提供していくことなどは、間接的ながらも、ひったくりに代表される集団非行の解体・抑止に役立つものである。ひったくり非行の背景には家族があると指摘したが、地域が父親や母親のサポートをし、また部分的に代行できることがあるのである。本書にも、少年補導センターに開設されたロックバンド塾の指導や、キリスト教会が地域の親の相談を受けるようすが紹介されている。こうしたことが「オヤジ代わり」「オフクロ代わり」となっていくのである。

最後に一面接者として感じていることを述べておきたい。

ケンジは『お楽しみ袋みたいにいろんなものが出てくるから楽しい』と言った。

オサムは『被害者や警察と鬼ごっこをしているようで楽しい』と言った。

ずいぶんとあっけらかんとしたセリフである。

ひったくりには社会的な対策が必要だし、それは今後ますます強化していくべき課題である。しかしそれと並行して、ひったくり少年やその予備軍と接するときに、私たちが、彼らのうそぶく言葉の裏に何を感じとるかが大切であると私は思っている。

お楽しみ袋が楽しいというケンジには、かつてお楽しみ袋を母親から買い与えられた、どのような思い出があるのだろうか。また、鬼ごっこが楽しいというオサムには、自分を一貫して探して追いつづけてくれる友達が、いつごろからいなくなったのだろうか、と。

非行という許されぬ行為の裏には必ず、行為者の意味が隠されている。そして「許されない」という法的・道徳的な枠組を毅然と示しながら、彼ら一人ひとりの言葉にならない「意味」を受け止めていくことが、究極の対策となるはずである。

Epilogue
ひったくり考

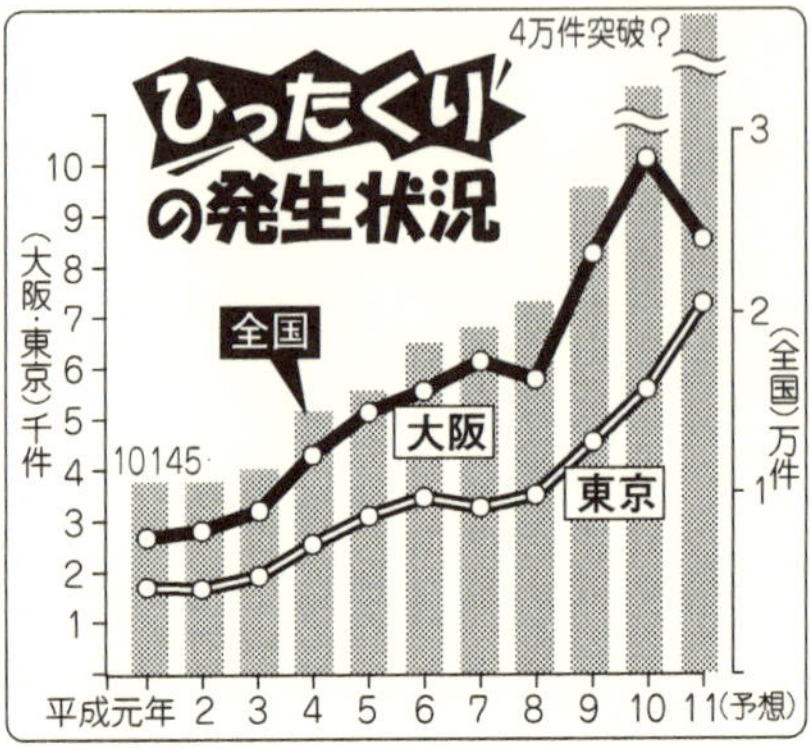
ひったくりの発生状況
4万件突破？
全国
大阪
東京
10145
（大阪・東京）千件
（全国）万件
10
9
8
7
6
5
4
3
2
1
3
2
1
平成元年
2
3
4
5
6
7
8
9
10
11（予想）

識者の声

――「し続け」てはじめて「しつけ」

子供が知らないあいだにひったくりを犯してしまった場合、親はどう接すればいいのか。それまでの育て方に問題はなかったのか。――迷路の出口を探す思いで、ひったくり取材班は「神戸心療親子研究室」（神戸市兵庫区）を主宰する伊藤友宣さんを訪ねた。親子問題について二十四年、フリーのカウンセラーをしている伊藤さんは「社会的な善悪を押しつけるだけでは、なんの解決にもならない。子供のところまで降りていって真剣に考える大人の対応がないと、ボタンのかけ違いが続くだけ」と鋭く指摘する。

非行とか不良とか、ぐれたとかいう子供たちは、大阪のひったくりが一番多いと聞いたら、むしろ「やったぁ」という気持になりますよ。「ほれ見てみぃな、これワシらの仲間やんか。ひったくりが多いのも、ワシらの仲間で出来上がっとんや」と。

子供たちにとっては、自分の周りだけが全体なのです。百人のうち仲間五人だけといっても、それが「みんな」になる。だから、みんなが悪いことをしていると思って、慣れっこになっています。万引にしても、「誰もがやっとる。自分だけがようやらん言うたら、仲間外れになる」と。外れた者どうしで一緒にいなくてはならない、という肩のいからせ方がどこからきているのか。何をポイントにしたら、社会的に適応できる側に子供が入りたくなるのか。……大人がそういうところまで降りていって、しっかり考えてあげないと、何も始まりません。

本書の連載記事にもあるように、いよいよ累犯が重なってから、こっぴどい処罰を受けて「割に合わんな。しんどいな」となって、やっと冷める。そういう彼らにとっての社会的通念が出来上がっているのです。社会的な制裁システムという方法論しかないから、元を断てるはずがありません。

ある幼稚園でガタガタ乱れる子がいました。そこで先生が『アカンやないの』と叱るたびに名札に×をつけることにした。そうすれば子供が残念がってやめるだろうと思ったわけです。ところが×は、五つになる、七つになる、するとその子は「これは誰にも抜かれへんぞ」と変な自信をもつようになってくるのです。

戦後になって、昔の「しつけ」はだめだということになりました。型にはまったものを無理に押し付けるのが従来のしつけでした。これは、そこにはまる者はそれでいいが、外れる者、どうにもだめな者には制裁を加える、つまり「悪いものは悪い」と切り捨てる思想です。

しかし「しつけ」という言葉を吟味すると、そこには「し続ける」「しいつける」といった意味があります。たとえば、「良心の呵責」などと言われるとドキンとして目が覚めた気持になる子なら、それを言われると効き目があるでしょうが、いくら良心の呵責がどうと言われても「ははぁ、また言いよる」と聞き流すような、「しつけ」が出来あがった子供は、あくまでも平気で聞き流すものです。し続けて「しつけ」になっているわけです。

世の中にこうした「マイナスのしつけ」がいっぱい溢れ返っているのが現状です。

たとえば、虫を見たらグシャッと潰してしまわなければ収まらないか、可哀想と思って草むらに返してやるか。なんでも、し続けたら、しい慣れる、「しつけ」になります。そして子供の感性というのは千差万別で、パターンではとらえきれません。

ひったくりでも、弱い者を狙ったら効率がいい。子供にとって全体の流れとしては、「おばあちゃんをねろたらヨロヨロよろめいた。カバンを開けたら三万、五万円入っとった。おばあちゃんは可哀想やけど、こっちのほうがええな」と……感性がそれに慣れてしまうと、やらずにはいられないことになります。いわば「ひったくり常習犯」という悪いしつけが出来上がるわけです。

テレビでも、たとえば不倫ドラマを観ていて、親が『どこでもやることをやっている、おもしろいな』と言う家庭と、『テレビは、こんな絵空事ばっかりね、つまらない』と言う家庭とがあるでしょう。両方の家庭にお邪魔すると、その空気の違いにびっくりします。

権威言葉は無用

続いて伊藤さんは、このような解説を加える。

頭が痛いと言っては学校を休む癖がつき、夕方になると友達と遊びに行ってしまう中学二年の長男が、ある日、ものすごい金髪の頭で帰ってきたとしましょう。母親がけたたましく『そのアタマ！　なに？　どうしたのよ！』とがなり立てると、『お母さんこそ、気が変になってるじゃない』と軽くいなされてしまいます。

ああ言えば、こう言う。こういった場面では言葉が背を向け合っています。「こいつ、おもしろいこと言ってる」と子供に弄ばれてしまっているのです。言葉の語尾を上げて強めると、やたらヒステリックな空回りの問いかけになるものです。これでは売り言葉に買い言葉で、焦点がハズレるばかり。

それをもし、こう言い換えると、どうでしょう。金髪には触れずに『お帰り』とただ一言。とにかくバカにすることはやめて、しっかり素直になりきって、本音で話すのです。たとえば『おまえが玄関から入ってきて、その金髪を見てびっくりした。想像もしていなかったから。明日、学校で大変だろうと思う』といったように、言葉の初めをはっきり強く、語尾は静かに落ち着く言い方で。

『いけない？』とブツブツ言う子に、『いけないことだと分かってなかったの？』などと金切り声で返さずに、『学校がはっきり禁止していることを、あなたがそうやってしっかり違反承知でやるのを、親が賛成するとは、あなた自身が思っているはずがない』と、しっかり断定してあげるのです。

語尾を下げて、腹構えのある言葉で、素直に自分の気持を話す。これが今の親にはとてもできません。上から下への権威言葉はもうやめましょう。子供のなかから何かが湧いてくる余地を与えるような言葉遣いをしなければなりません。たとえば町工場の社長などは、知らず知らずのうちに、こういうしゃべり方を心得ていたりします。穏やかに、しっかりと伝えてみてはどうでしょう。そうすれば、売り言葉に買い言葉の遊びではなくなって、子供はまじめになりやすいものです。

親の言葉遣いひとつにしても、世間は、具体的に教えることがあまりに少なく、把握していることも少なすぎます。お母さん自身も似たように下手なあしらわれ方で育てられ、それが二代、三代と続いている。だから、ちょっと言葉遣いを真似できたら出来ると思ったら大間違いです。

相手にしてくれない調子のずれに、子供があわてて「オレなんか、もういらないのか」と皮肉な笑いを向けたら、「あなたなんか、なんでいるの」とすぐに返したがる癖があります。『わたしにとって、あなたは、かけがえのない我が子なんだよ。誰が我が子を見捨てるものですか』と素直に言えないのが、平生からの悪い癖です。

具体的にどういう言葉遣いが良いのか、という提案がいまだにあまりにも少ないと思います。それで基本的に人間の気持の土台ができていないのが実情です。それはとても大きなことです。周りから『死んだらいいのよ』と言われつづけて育てられた親は、そう簡単には変わらないし、もちろん言葉遣いも変えられない。

そういうマイナスの土台をみんなで作ってしまっていることをよくよく反省しないと、なにも始まらないのだ、と私は日頃の相談のなかで、この二十年間ずっと主張し通しています。

――「だけど」から「だのに」へ

伊藤さんは最後に、「子供のプラス面を見つけ、それを完了形でしっかり言ってあげることが、いかに大切か」を訴える。

「だけど」「そやけど」という言葉が昔から常套句になっています。これはもともと上から下へ言って聞かせる最後通告の言葉です。たとえば『おまえの言うてること、よう分かるけどな、ワシの言うてること分からんかったら、おまえ、勝手にせぇ。出て行け』というふうに。昔ならこの最後通告が絶対的な力をもっていたのです。

母親が子供の話を聞いていて『分かるよ、そやけどね……』と言ったとたん、子供は白けます、「ほら見てみぃ。結局、オレの言うこと、なんも聞いてへんねんな」と。一時間も話を聞いたのに「だけど」を口にした瞬間、子供は聞く気がなくなってしまうのです。

そこで私は「だけど」を「だのに」に言い換えてごらんなさい、と言いつづけています。つまり、子供の話を聞いたあと、『そうか、そうやったんか。よう分かるわ』でいったんいい切って「。」をつける。そのあとに『そやのになぁ』と続けるわけです。

『そやのに、そんなことしたら、おまえがあとでしんどい思いをすることになる』、そのあと急いで言葉を継ぎ『そやのになぁ、おまえの言うことはよう分かる』と、子供がしていた話に戻ってやるのです。そうすると子供は「おかん、オレの気持ようわかってくれた。世間がややこしいのはオレもよう分かってるんや」と地に足がついた思いになって、AなのにB、BなのにA、AなのにB……と自分のなかで葛藤を始めます。

弁証法でいう「正」と「反」のせめぎあいのなかで「合」が生まれてくる。子供のなかで「正反合」の営みが始まるのです。

「だけど」の一語が腹に据えかねるがために、反対のための反対をしたくなる。一方「でも世の中、そんなことばっかり言っててもしゃあない。中をとって行こやないか」となれば、そこで子供たちが自分で、大人になる準備を始めることになるわけです。

「だけど」は敵対関係を生む〈対立〉の言葉ですが、「だのに」は両者に橋渡しができる〈対位〉の言葉です。要するに、話し合うことがなんらかのプラスを実らせる材料になる、という安心感が必要なのです。

みんな精一杯生きているのです。精一杯さを認めない関係からは、なにも生まれてきません。そこで、「だのに、なぜこうなるのだろう」という認め合いのなかから考えようとすることによって、「もともとのもと」から穏やかになって考えが進むわけです。

親が自分の子供を大切に育てる気持は、一律に質が高く、純粋なものです。ただ、いまの親たちが一様に間違っているのは、すぐに分からせたい、分からせてやろうと力んでしまうところなのです。『わかったな』と返事を強要されると、子供は『いいえ、ぜんぜんわかりません』とは言えない。『ああ、わかった』と言葉の上では答えても、心にはまったく届いていない。それを見ていると親も「もうひとつ分かっていないな。返事だけだな」と察する。そこで『おまえ、ほんとうにわかっているのか』と念を押すと、子供はまた『うるさいな』と返してしまう。ひいては子供は自分の思いを親にわからせるために、突飛な行動もしたくなる。みんなが眠っている時間に、「オレの気持はひとつも落ち着いていないぞ」とわからせるために、バイクをふかして物凄い音を立てたりする。

大人がやいやい言って聞かせることに、子供は「そうか、オレがこれまでやってきたことを『あれもアカン、これもアカン』と思てるだけのことか」と、うんざりしています。だからこそ、そこで思いがけず「おまえ、あの時、ああしたな。ええとこあるな。これがあるあいだはぜったい大丈夫や」

と、子供のプラスを見つけて完了形でしっかり確認してやることがいかに大切なことでしょう。

親も子も、ふと気がついてダメとなったら直すように、意識的にやりつづけるのです。努力し、しつづけて自分のものにしていくと、いつか、無意識のうちにやってしまうほど身につくわけです。

私は、人間を信じます。いえ、信じるというよりも、人間の本性は、みんながみんな楽しく生きていこうと心の底で願っているものだと、確信しているのです。人間、気持さえ落ち着いていたら、ひったくりなど、誰が平気で繰り返すものですか。

——認めて語る姿勢が大切

少年たちを取り巻く環境はどう変わってきているのか。家族関係や親子の絆を焦点に、青年社会学が専門の関西大学社会学部教授、岩見和彦さんに話を聞く。

現代社会の構造は、眼まぐるしく変化しています。一般的な土壌として、いい意味でも悪い意味でも、個人を管理したり縛ったりするものがなくなった。家族を含めて大人と子供の関係についても、その現象が生まれています。

まず、大人と子供の境界線が、時代とともになくなってきたということ。

戦中・戦後の復興期のいわば貧困の時代、みんなが生きるために必死で働いていました。『あれをしたい』『これが欲しい』と駄々をこねる子供たちに、大人は『こんなに頑張って働いているんだから、あんたたちも我慢しなさい』と威厳をもって言えました。

しかし現代では、豊かさをいかに享受するかという点では、大人も子供も意識は同じ。子供たちも立派な消費者になっています。また、マスメディアの発達で情報が氾濫し、テレビやインターネットなどを通してさまざまな情報が大人にも子供にも入ってくる。もはや大人文化を権威づける情報格差はなくなっています。

そうして境界線や貧しさがなくなることに応じて、子供たちのなかから、これまでは当たり前だった「年上の人間を純粋に敬う」感覚や、「こつこつ働いて稼ぐ」という意識が薄れてきます。

『流行のスポーツシューズが欲しい』とか『パソコンゲームを買って』などと子供がねだる物のなかには、エッと驚くような高価なものが多い。「自分は親にこう育てられた」という自分が子供だったころのしつけや常識は、もう通用しなくなっています。物事の判断基準は時代とともに動いているのです。そして大人サイドの、子供にどう対応したらよいかという悩みや態度の曖昧さが、子供にストレートに伝わっているのです。

とはいっても、子供は心の奥底では「親を尊敬したいし、親の人生のなかに自分の人生の手本となるものを探したい」という思いを持っているはずです。それなのに、なかなか尊敬の対象にはならない。大人になっていくための台本が手元にない不安がそこに生じるのです。一見「オレが」「ワタシが」と個人が主張しているようにみえますが、そうした不安はいろいろなところに垣間見られます。

たとえば、プリクラや携帯電話の流行。友達とプリクラを撮って交換し、いろんな物に貼り付ける。携帯電話ですぐに友達と連絡がとれる。見た目には個人主義のようでも、「誰かとつながっていたい」「集団や共同体に身を置いていたい」という意識が強いのです。自分を認めてくれる人や場所がないと、誰しも身がもたないのです。

こうした社会そのものの変化というバックグラウンドがあるので、「親は子供にどう接するべきか」という問題への答えはなかなか出せません。

しかし、そうであっても、あるべき親や家族の姿を必死に模索していくことが大切なのです。もがいても、もがいても答えが出なかったとしても、その姿勢は子供に必ず伝わります。どのような家庭環境でも、こういう肝心なコミュニケーションが子供との間であるかどうかはとても重要なことでしょう。

たとえば罪を犯してしまった子供が、両親が離婚して単親に育てられていたとします。そういう場合、家庭環境がクローズアップされることがよくありますが、「なぜ自分たちは離婚したのか」「でも一緒に頑張ろうね」ということを、親が一言でも子供に伝えていたら、きっと違う結果が出ていたのではないでしょうか。

子供がどんな問題を起こしても、真正面から受け止めてやれるかどうか。ともに悩み、模索し、コミュニケーションをとりつづけられるかどうか。……社会のバックグラウンドが刻々と変化するなか、大人がしっかりと地に足をつけ、その時代その時代に合った絆を築いていくことが、これからの家族には大切なのです。

――自己中心から互助の復活を

大阪府民を例にとると、その約六割が、青少年を取り巻く社会環境が十年前に比べて悪化したと考えている。犯罪からの安全性についても半数が、十年前より悪くなったと答え、十人に一人が他府県に移り住みたいと望んでいる。こうした結果に、大阪市立大学文学部教授の森田洋司さんは、「いちばん悪くなっているのは、子供にかかわる大人の姿勢」と分析した。

十年前に比べて青少年を取り巻く社会環境などが悪化しているのは、なにも大阪に限った話ではなく、都市環境全体が悪くなっていると考えるべきでしょう。もちろん公園などの施設、緑、といったハード面の問題もありますが、現実に何がいちばん悪くなっているかというと、子供にかかわる大人の姿勢です。

その原因は、人々の関心の向きかたが公的な部分から私的な部分へ移り変わってきていることにあると思います。それを私は「関心の私事化」とよんでいます。

親を見ると、子供へのかかわりかたが自己中心的になってきました。親は子供を、自分の愛情欲求を満たす道具のように考えています。たとえば、かつては「子供は神様の授けもの」という意識がありましたが、いまでは、子供をどう持つかを親が選択するようになっています。親は自分の人生を中心に子供を位置づけているのです。自分の幸せにかかわる存在として生まれてくるのが現代の子供たち、といえるかもしれません。

親の意識の私事化は、子育てに露骨に表れます。子供をただ甘やかしたり、放任したり、他人への見栄だけで怒ったり、と自己中心的になっており、子供を育てるうえでの責任感が希薄になっています。

子育てには本来、公共性があり、子供は自分のものではなく社会へ返すものだという意識が必要でしょう。それで初めて、ほかの子供にもかかわろうという意識が生まれてくるのですが、いまの社会からはそれが失せてしまっています。

親だけでなく、世の中全体に「私事化」がベースにあって、さまざまなことを狂わせています。こうした傾向は一九七〇年代に始まり、八〇年代に進みました。いまの親は、私事化の意識を自然と身につけながら育っており、社会への貢献意識が薄れてきているのです。大学生もそうで、入学したのは本人が実力で勝ち取ったかのように考えていますが、国なら国が大学に公の税金を使っているのですから、本来、自分自身のためではなく、学んだことを社会へ還元してしかるべきでしょう。

私事化が進むと、エゴイスティックな判断が強まります。衝動的な人間がどんどん増え、忍耐よりも快楽が優先されます。人間関係でも、快適に過ごそうとする「快適値」を求めるようになります。たとえば、本人のためになるとわかっていても、上司は恨みを買ってまで部下を注意しようとはしないし、親も子供の反感を買ってまで叱ることはしません。

これらの意識が連鎖反応を起こして、犯罪を生みやすい土壌がつくられていると考えられます。ひったくりなどの少年犯罪もその一つでしょう。

そんな状況のなかで、たとえば阪神大震災はある程度、皆の関心を「私」から「公」へ向けさせる機会になったと思います。人々は助け合うことの大切さを意識しました。また高齢化社会を迎え、老人介護の問題も、「公」へと目を向けさせる動きになっています。これらの動きは、長い道のりではあるでしょうが、少年の心を良くすることになり、社会を成熟させることになってゆくことでしょう。

世の中に本来ある「互助関係」を人々は、意識さえすれば築けるはずです。これからは、何もかもを国に依存することができなくなり、公の組織だけでは補いきれないところが増えてきます。そこをカバーしていくには、人々の公共性に対する意識が大事となり、それを市民が支える時代がやってくることでしょう。たとえば非政府組織の活動が活発になるなど、もはやその動きは目に見えるかたちになってきています。

このようにしていま出てきた芽をいかに子供たちにつなげていくかが、大人たちの責任です。ところが現実には、「突然キレる」とか「学級崩壊」といった言葉がよく聞かれるようになり、子供が自分の欲求をコントロールできない現象が起きていて、あいもかわらず将来の犯罪予備軍をつくっています。良い方向へむかっているとはとても思えないのが難しいところでしょう。

家裁調査官の眼

——見えにくい少年の内面

ひったくりをした少年たちに「なぜそんなことをしたのか？」と尋ねると、多くの少年が「遊ぶ金が欲しかったから」「連れに誘われたから」と答える。たしかに直接の動機としてはそうなのであろう。しかし本当の意味で、なぜ自分がそんなに悪いことをするようになったのかという問いかけには、簡単には答えは出てこない。それを少年自身が見つけることができれば、更生への第一歩を踏み出すことになるともいえる。

家庭裁判所調査官の仕事には、少年とともにこの問いかけへの答えを探り、少年が立ち直っていくのをサポートするという側面も含まれている。

ケン（十七歳・仮名）の場合、高校二年になって間もなく柔道部をやめたころから生活が乱れはじめた。毎日のようにゲームセンターに出入りし、知り合った友達と夜遊びを続けた。無免許で原付を乗り回し、暴走族にも入って暴走を繰り返した。しかし高校にはだいたい真面目に通学し、学校での表向きの生活にはさしたる問題はなかった。

ひったくりはそうした夜遊びの仲間に誘われて始めた。ケンのほうから持ちかけたことはなかったが、誘われると断ったことはなく、捕まるまでには五回のひったくりをやり、被害額は十万円を超えていた。逮捕されたケンは、捜査のための身柄拘束のあと、家庭裁判所に送致され、少年鑑別所に収容された。ケンに限らず少年たちは、こうして厳しい社会の壁にぶつかり、少年鑑別所での静かな時間の流れのなかで、いままでの自分の生活を振り返りはじめる。

ケンは『ひったくりが、少年鑑別所に入れられるほど悪いことだとは思っていなかった。自分の考えかたが甘かった。面会に来てくれる親の顔を見るのがつらい』と述べた。

深く考えずに目の前のおもしろいことに惹かれて夜遊びを続けた自分の意志の弱さ。どこかで非行を軽く考え、なんとかなるという甘えた気持があったこと。柔道部をやめて目標がなくなり、投げやりになっていたこと。……そうしたことなどに対する反省が、ケンの言葉には込められていた。

父母は何度も面会に通い、ケン自身の口から予想外に多くの非行をしていたことを聞いて驚きながらも、なんとしても立ち直らせたいという気持を強めた。

「考えかたが甘かった」というケンの言葉について、父母は『小学校時代から、自分たちの財布から金を抜き取ることが続いていたが、叱ると外で悪いことをしないかと心配で、きつくは叱れなかった』

と振り返った。そして『生活が乱れてからも、厳しい姿勢をとれず、多忙もあって放任し、勝手気ままを許してしまった。それがケンの考えかたの甘さや、こういう結果につながったと思う』と述べるのだった。

少年の非行化の本当の原因がどこにあるかというのは難しい問題である。しかしケンの場合のように、親子の双方が真剣にその原因を考える姿勢を示すようになれば、事態は大きく変わりはじめる。実際に、非行のあと、親子がその原因について話し合ったり接触を深めたりすることで、親子関係が変化し、それとともに少年が驚くほど変わっていくケースは少なくない。

ケンの審判の席では、父も母も、息子が話す一言ひとことを聞き逃さぬよう耳を傾けていた。ケンが涙ながらに話す言葉には、真剣にやり直そうと思っていることや、何度も面会に来てくれた親に対する感謝の気持が、痛いほど感じられた。そして、それを聞いている父母は、黙って親子のきずなの深さを嚙みしめているようだった。

近年よく、これまでであれば非行を犯すタイプとは思われない少年が家庭裁判所に送致されてくる。ただ、「ふつうの子が非行を犯すようになった」というのとはニュアンスがすこし異なる。たしかに、一見ふつうの生活をしているような少年が非行を犯すことが、以前より増えているとはいえるだろう。しかし、それまで本当になにも問題がない少年がいきなり非行を犯すケースがそれほど多いようには思われない。

少年が抱えている問題は、必ずしも外から見えるとはかぎらず、わかりにくいことも多い。このため、少年の近くにいる人たちでも、彼らの心のなかで生起している問題を見過ごしてしまうのではなかろうか。もっと早い段階で適切な対応がなされていれば、と感じられるケースが多いことは、やはり残念である。

また、実際に一人の少年が非行を犯してしまった場合、更生していく道を探るには、少年自身とともに周囲の者が、「なぜそのようになったのか」という問いかけを続けることが大事であろう。

（大阪家庭裁判所 家庭裁判所調査官、プライバシー保護のためケースは加工してあります）

――挫折を支えてこそ親

ひったくり事件を起こす少年がなぜ多いのか。

正確な答えは別として、手口が簡単で容易に大金が手に入るということは、グループで遊ぶ少年たちのなかで早く伝播し、真似しやすく、自分もできると感じさせやすいということはいえるだろう。グループで徒党を組めばやりやすいということも、仲間を組みがちな少年たちにひったくりが広がる一因になっているように思える。

さらに、仲間でやるということが、少年たちから罪の意識を薄くしてしまい、安易に非行へのハードルを飛び越えさせてしまうという側面も否定できない。実際、ひったくりを行った少年たちの認識はあまりにも安易すぎ、捕まった場合の事態の深刻さがわかっていない。

アキラ（十八歳・仮名）もそうした少年の一人だった。彼が警察に捕まり少年鑑別所に収容されたのは、実際にひったくりをしていた時期から半年もあとだった。ひったくりは済んでしまった過去のことだと思っていたアキラは驚いた。

調査が始まっても、『いつ出られるのか』『早く仕事をしたい』と述べるばかりで、なかなか反省は深まらなかったが、次第に事態がわかってくると、顔つきも変わってきた。とくに「このままでは少年院送致になるかもしれない」という危機感から、非行に走った問題点を真剣に考える気持が生まれてきたのだった。

アキラの場合、調査を進めると、非行化には大きなきっかけがあることがわかった。

彼は小さいころからサッカーが好きで、地域のチームに入って熱心に活動していた。中学校でもサッカー部で活躍し、勉強の成績は良いとはいえなかったが、学校や地域でも「よい子」と見られていた。しかし、サッカーで有名な高校に不合格となったことから事態が悪いほうに向かいはじめる。別の高校へ入学したもののサッカー部はなく、毎日の生活に張り合いや目的がなくなった。それまで恵まれていたアキラにとって初めての「挫折」だった。

だんだんと生活が乱れ、学校から服装違反や喫煙で注意を受けることが多くなり、ますますやる気がなくなった。そうした時に病気でしばらく入院したことも重なり、高校を中退する。このころからアキラの生活はいっそう乱れた。行動だけでなく気持が荒れていたことが大きく、やりたいことを我慢したり中止するという、自分をコントロールする力が薄れていた。

そんなときに、原付でぶらぶらするうち目に入った「ひったくりに注意」の看板を見て、ひったくりをやることを思いついたのだった。

やってみると簡単に金が手に入り、あっけないほどだった。やがて仲間も誘い、いっしょにやるようになった。金があるだけに、真面目に仕事をする気にはなれず、仲間と夜遊びする毎日が続いた。ひったくり仲間とオートバイを買い、特攻服まで買って暴走族にも参加したりした。

一方、父母はこうしたアキラの生活にはまったく気づかず、帰宅が遅くなっても、友人と遊んでいると思っていた。また彼の部屋で特攻服を見つけたが、格好いいから買っただけだろうと考えていた。あとになって父母は、アキラが高校受験に失敗したとき、サッカーにかけていた夢が破れてしまったショックの大きさを理解してやるべきだったと反省する。しかしそれまでは、息子を疑ったことはなかったという。

その後アキラは反省を深め、『自分の家族が被害者になっていたら、と思うと大変さがよくわかる』と被害者の立場に考えを巡らすようにもなった。

また父母は真剣に被害弁償に取り組んだが、その過程で、被害者の激しい感情に触れたのである。

そのことを聞いたアキラは、ひったくりの被害者は簡単には許してくれないのだとわかり、自分がやったことの重大さをさらに深く認識するとともに、当時は責任の大きさを考えていなかったことを改めて自覚した。

「挫折」がきっかけとなって非行化するケースは、ある意味ではよくある。挫折の内容はいろいろと異なるが、それが生活の目標や緊張感まで失ってしまうほど大きい場合には、少年たちの心理は不安定になり、気持のよりどころや、居場所、あるいは自分らしさを見失い、判断力を低下させてしまうことがある。

そうしたときには、手近な関心や興味につられて行動しやすくなり、他人の誘いにも乗りやすい。こうした少年たちにとっては、まだまだ親の役割が大きいのである。

このころは、「子離れ」や「親離れ」による自立を図ることが必要な時期である反面、子供が大きな危機に直面したときには、親として支えてやることが大事であることも忘れてはならない。

（大阪家庭裁判所　家庭裁判所調査官、プライバシー保護のためケースは加工してあります）

——自分を語る瞬間に

ひったくりで捕まり家庭裁判所に送致された少年の特徴の一つは、悪いことをしたという自覚はあるものの、交通違反で送致された少年にどこか似て、「みんなやっているのに自分だけが捕まって、運が悪かった」とでも言いたげな雰囲気をもっている。

一見するとこうした少年たちは、罪の自覚や反省とは縁遠い。

だが、ほとんどの少年たちは数週間、少年鑑別所に入り、外界とは切り離され、テレビや遊びもない生活を送ると、徐々にではあるが、自分の内面に目を向けはじめる。そしてやがて、自分が引き起こした行為やその結果の重大性を自覚するようになる。

なかには、面会に来てくれた父母が涙を見せる姿に接し、「自分はこんなに親を悲しませることをしていたのか」と初めて気づいたという少年も少なくない。それが立ち直りの大きなきっかけとなる場合もある。

非行化のきっかけとして、少年と親との不和や葛藤が大きな要因を占めているとみられるケースは多い。が、同様に、非行から立ち直る契機についても、親が大きな役割を果たすケースがよくある。

ひったくりを何十回も繰り返していたヨシオ（十八歳・仮名）の場合も、当初、反省の言葉を口にはしていても、その実感は乏しかった。自分自身を納得させるかのように『ほかの者もやっている』『悪いのは自分だけではない』と述べ、表面的には「なぜひったくりをするようになったのか」という問いを自分に向けようとしないように見えた。

このように見えるときに、じつは少年たちの内部で変化が起こりはじめているということも多い。

ヨシオも、自分を非行に駆り立てたらしい「いくつかの原因」に気がつきはじめていた。

一般に少年たちは、抽象的な言語表現は苦手であり、心のなかで感じたり考えたりしていることを話せない。そうした場合に、テーマを定めた絵を描いてもらい、その絵をもとに話をしてもらうと、生き生きと心のなかを語ってくれる。


ヨシオが描いてくれた「家族」の絵には、五人の家族が五つの場面に区切られ、一人ひとりがバラバラに描かれていた。右上には父親の姿が、左上には母親の姿が、左下には姉の姿が、右下には兄の姿が、そして中央には涙を流しながら泣き叫んでいるヨシオ自身の姿が描かれている。当時もう十八歳であったにもかかわらず、そこに描かれたヨシオの体つきや表情はまるで小学生のように見えた。

次に「理想の家族」というテーマで描いた絵では、二歳年長の兄は父と同じ背の高さで両親の間に立っているが、ヨシオ自身はまるで子猿のように小さくて、父親の腕にぶらさがっている。

これらの絵を見ながら、ヨシオは次のように話した。

小さいころから両親は共働きで多忙であり、家庭内別居を続けていた。その後、父が家に帰らなくなり、母は病気になった。自分は、親に甘えられない寂しさや満たされない空虚感をつねにもっていた。家族全員が仲良く暮らすことができればと願いながらも、どうせ実現できない夢なのだ、との絶望感を抱きつづけていたという。そして、『友人は、仕事が続かなくても、親から食べさせてもらっていた』『友人は、嫌なことがあっても、慰めてもらったり励ましてもらったりしていた』『でもボクの家は、そうではなく、ボクの居場所もなかった』と述べるのだった。

少年たちが、それまではぼんやりとしか考えていなかった家庭への不満や過去のつらかった出来事を、明確に意識化し、そのことが自分に与えた影響などを語るようになる。そのときこそが、いわば過去の自分を清算し、新たな生きかたの第一歩を踏み出す一瞬である。

もちろん、それだけですぐに少年が立ち直るかといえば、それほど単純ではない。しかしその一瞬を逃しては、少年の心に深く働きかけるチャンスはないともいえる。少年がそれまでの人生のどこでつまずき、そこでどのような出来事があったのか。時にはともに振り返りながら、少年が新たな自己像を作り上げていくための援助をすることも必要になる。

つっぱったり、ひねくれたり、コンプレックスに悩みながらもそれを隠そうとする、どこかに無理のあった自分。……そうではない、自然でありのままの自分を見つけ、その自分を受け容れるという意味では、少年が新たな自己像を作り上げるのは「自分探し」の過程であるともいえる。

少年たちが「自分探し」に成功し、素直に等身大の自分自身として毎日の生活を送ることができるようになれば、彼らはそう簡単には非行を繰り返すようにはならない、と私たちは考えている。

（大阪家庭裁判所 家庭裁判所調査官、プライバシー保護のためケースは加工してあります）

おわりに

『おばちゃん、おおきに！』

ミニバイクに二人乗りした少年が、中年女性からバッグをひったくったあと、文字通り大手を振って走り去っていく。それも深夜ではなく、白昼堂々とである。

大阪のひったくり発生件数は平成十年、史上初めて一万件を突破し、二十三年連続で全国ワースト１を記録した。平成八年の発生件数は五七九九件で、わずか二年間でほぼ倍増した。なぜ大阪で、これほど急激にひったくりが増えたのか。

ひったくりは、ミニバイクでお年寄りや中高年の女性などの「弱者」を狙う卑劣な犯行で、被害者がバイクに引きずられて転倒でもすれば生命にかかわる重大事件に発展しかねない。現実に大阪では、ひったくりに遭った男性会社員が犯人を取り押さえようとして、逆にナイフで刺されて殺されたり、ひったくりの犯人と被害者の女性がたまたま顔見知りで、口封じのために殺害されるなどの凶悪事件も起きている。

ひったくり激増の真相が解き明かされれば、全国ワースト1の汚名も返上できるのではないか、というのが連載〈アカン 許さん ひったくり〉を始めた産経新聞大阪社会部ひったくり取材班の狙いだった。

大阪府警がまとめた平成十年の統計では、殺人・自動車盗・オートバイ盗・知能犯・少年の刑法犯検挙人数・信号無視も、全国最悪。大阪の犯罪発生率は全国の約一〇％といわれているが、ひったくりの場合、全国の約三割を占め、異常なまでの突出ぶりを示していた。

非行少年のひとり、トシは、大阪でひったくりが多い理由をこう説明した。『大阪は中途半端に都会やから裏道が多い。ひったくりをやりやすそうな無防備な人もいっぱいいる。だから多いんやろ』。幹線道路から一歩外れると、毛細血管のように裏道が広がっている。道幅が狭い道路は、ひったくり犯にとって、被害者が襲撃を避けようにも避けられない絶好の狩り場となっている。犯行後、小回りのきくミニバイクで裏道に逃げ込めば、パトカーの追跡を簡単に振り切れる。

街が暗いことも、非行少年たちに「ひったくりは成功しやすい」というイメージを抱かせているにちがいない。犯行に使うミニバイクも、コンビニで市販されているハサミを鍵穴に挿し込めば、自転車より簡単に盗めてしまう。大阪では毎年三五〇〇〇台前後のオートバイが盗まれているが、その百パーセント近くが少年の犯行だ。

また大阪では、地域ごとのコミュニティがまだ根強く残っている。暴走族が、発生した地域名をチームの名前に使うケースが多いことや、「××代目総長」などという言葉が象徴しているように、地域の不良グループを核にして、ひったくりなどの非行文化がヨコに広がり、学校の先輩・後輩のあいだでタテへと引き継がれていく。さらに大阪は都市のサイズが小さいため、ある地域の不良グループが別の地域のグループと交流する機会が多くなり、非行文化の伝わりはさらに広がりをみせる。

すでにひったくりは、大阪府内の不良グループが一様に共有する「非行文化」になっているといっても差し支えないだろう。しかも携帯電話の普及で、こうした「非行文化」の伝達速度は各段にアップし、伝わる範囲も一気に広がったことが、少年たちを中心にしたひったくりの爆発的な流行と増加を引き起こした。

これが、私たち取材班がようやく辿り着いた有力な仮説であった。しかしその仮説が、もはや説得力をもたなくなってしまった。ひったくりの激増が大阪ローカルの特異現象ではなくなり、全国的な現象として広がりを見せはじめたからである。

大阪では平成十一年上半期、府警の取り締まりが成果を上げ、三七七四件と前年同期より八〇二件（二七・五%）も減少したのであるが、一方、全国では一八三二五件と前年同期比で三三七〇件（二二・五%）の大幅増となっている。

もう一度、ひったくりを普遍的な視点でとらえ直す必要に迫られた私たち取材班は、連載の取材で知り合った府中刑務所・分類審議室の臨床心理士、藤掛明さんを訪ねた。藤掛さんは、昭和六十一年から五年間、大阪少年鑑別所に勤務し、ひったくり非行の少年たちに絵を描いてもらって心の動きを見てきた人である。

藤掛さんとの対話を通して、「全国で激増するひったくりは、現代の少年たちが抱える心の問題を端的に物語っている」という確信が芽生えた。

大阪府警が平成十年、ひったくり事件で検挙・補導した九八九人のうち、少年は全体の約八一％にあたる八〇二人、うち中学生が約三五％の三四五人。少年というより、いまでは中学生がひったくりの主力部隊だ。さらに年齢別にみると、触法少年の十四歳未満は九五人、十四歳は一六六人、十五歳は一八八人、十六歳は一五八人、十七歳は一〇四人、十八歳は五四人、十九歳は三七人。ひったくり非行は、十四歳から増えはじめ十五歳でピークを迎えていた。

十四歳といえば、刑事責任を問われる年齢である。心の面からとらえると、思春期の真っ最中にあるこの歳は、子どもから大人になるちょうど境目であるが、その境目は非常にあやふやで不安定に見える。

非行実務家の多くは思春期を「疾風怒濤の時期」と表現するが、私たちが取材した多くの少年たちは、「頼りなさ」いや「はかなさ」を感じさせた。そして、そうした少年たちが、家庭や学校とのつながりをプッツリと失い、現代社会を漂流する小舟のように思えてならなかった。

なぜ少年はひったくるか？　という根源的な問いに対し、取材班のキャップを務めた私は連載の最後で次のように書いた。


現代の都市で暮らす子供たちは、豊かすぎる社会、そしてコンクリートに覆われた人工的な環境で生まれ、育っている。すべてを親から買い与えられ、一見何でも手に入るようだが、実は、自分が主体性を持って何かを獲得するという体験を持たない。

主体的に何かを獲得するという衝動を、勉強やスポーツにうまく転化できているうちはいい。しかし、大人になる準備期間の思春期に少しでもつまずけば、親や社会に反発を覚えて、少年の非行化が始まる。こうした非行少年のほとんどが、ひったくりという行為でその衝動を充足しているように思えてならない。


こんなに多くの少年がひったくりに走る理由は、「お金がほしい」という短絡的な動機からでは、けっしてない。

藤掛さんが指摘しているように、ひったくりは、被害者との接触はあるものの被害感情と向き合わずにすむ犯罪である。家庭や学校生活からはぐれた子どもたちが孤立感を深めていくなかで、人とのかかわりを取り戻すために群れる小集団が、まさにひったくりを敢行するのに最適だ、という側面が強い。

「一人では寂しい、大勢では煩わしい」と感じる子どもたちは、二人、三人と集まることでしか自我を形成できなくなっている。

こうした仲間どうしの人間関係は非常に希薄で、たとえばグループの仲間が殺されかけたとしても、取り乱しもせず平然としているという。たまたま現場で出会った子どもたちがリーダーも決めずに行う犯罪が目立つ。そしてグループ内の匿名性が強いため、無責任となって抑制のきかない暴力に発展する可能性を大きくはらんでいる。

家庭や地域・学校などで人とのかかわりを充分に築けなかった子どもたちが、人間関係を取り戻そうとして、ひったくりなどの非行に追い立てられている。周囲は引き止める力を失い、少年は漂流を続ける。

その漂流を食い止め、少年たちをひったくりなどの非行からうまく卒業させるためには、警察や、児童自立支援施設や少年院などの施設だけではなく、地域や学校・行政が一体となった取り組みが不可欠である。私たちは、全国のひったくり少年が発しているSOS信号を見逃してはならない。

平成十一年一月から八月まで産経新聞大阪本社発行の朝刊第三社会面で全六十三回にわたって連載された〈アカン　許さん　ひったくり〉の取材は、元大阪家庭裁判所調査官で愛知新城大谷短期大学教授の東一英さんとの対話を手がかりに始まり、大阪府警・大阪家庭裁判所・児童自立支援施設・少年院・キリスト教会弟子教会をはじめ、交通科学研究所の長山泰久所長、神戸心療親子研究室主宰の伊藤友宣さん、ビデオプロデューサーの田上時子さん、三和化研工業社長の岡田禮一さん、武庫川女子大学教授の角野幸博さん、関西大学教授の岩見和彦さん、大阪市立大学教授の森田洋司さん、そしてなにより、多くのひったくり少年と、被害者のみなさんに協力していただきました。

連載の取材には、当時大阪社会部の岩田智雄・田野陽子・守田順一・河嶋一郎・山口淳也・野瀬吉信・徳永潔・内田透・加納洋人・前田雅紀・木村成宏があたり、木村正人がまとめました。

そして藤掛明さんの全面的な協力を得て、連載で取り上げたひったくり少年の心に、あらためて光を当てることができた次第です。

最後に本書の刊行にあたっては、その道筋を拓いてくださった大阪少年補導協会『月刊　少年育成』編集長の松宮満さんと、御賛同いただいた新曜社さん、そして一冊の本に仕上げてくださった新曜社編集部の津田敏之さんには感謝の気持でいっぱいです。

ひったくり取材班　木村　正人

執筆者紹介

産経新聞大阪社会部
ひったくり取材班

大阪府内で激増するひったくり事件の背景を解明するため，平成10年10月，事件取材を担当する大阪府警，所轄の警察署詰め記者を中心に編成された。この取材班には総勢13人が参加し，翌11年1月から8月にかけ，大阪本社発行の朝刊第三社会面で，連載「アカン許さんひったくり」（全63回）を中心にキャンペーン報道を展開した。平成11年，大阪のひったくりは発生件数こそ減少したものの不名誉なワースト記録を更新したため，取材班は汚名返上に向け取材活動を継続している。

藤掛　明（ふじかけ・あきら）

法務心理技官，臨床心理士。
1958年，埼玉県生まれ。大東文化大学文学部卒業。法務省の心理技官として矯正施設各所に勤務。現在，府中刑務所分類審議室に籍を置き，「懲りない面々」との面接に明け暮れている。描画を介して非行・犯罪者との面接やグループワークを行うことをテーマとしており，本書刊行と相前後して，非行少年との絵を介した臨床をエッセイ仕立にした『描画テスト・描画療法入門――臨床体験から語る入門とその一歩あと』（金剛出版）を執筆した。

新曜社

現代ひったくり事情
少年の感性／社会の陥穽

初版第1刷発行　2000年2月25日©

著　者　産経新聞大阪社会部
　　　　藤掛　明

発行者　堀江　洪

発行所　株式会社 新曜社
〒101-0051 東京都千代田区神田神保町2-10
電話(03)3264-4973(代)・FAX(03)3239-2958
e-mail info@shin-yo-sha.co.jp
URL http://www.shin-yo-sha.co.jp/

印刷・製本　株式会社 太洋社
Printed in Japan
ISBN-4-7885-0706-4　C0036